财富商学院标杆企业书系

给你一个团队，如何留住骨干

周锡冰　著

当代中国出版社
Contemporary China Publishing House

图书在版编目(CIP)数据

给你一个团队，如何留住骨干 / 周锡冰著 . -- 北京 : 当代中国出版社 , 2022.12
ISBN 978-7-5154-1174-3

Ⅰ . ①给…　Ⅱ . ①周…　Ⅲ . ①企业管理—人才管理　Ⅳ . ① F272.92

中国版本图书馆 CIP 数据核字(2022)第 040017 号

出 版 人　冀祥德
责任编辑　陈　莎　周显亮
责任校对　康　莹
印刷监制　刘艳平
装帧设计　马　帅　李默涵
出版发行　当代中国出版社
地　　址　北京市地安门西大街旌勇里 8 号
网　　址　http://www.ddzg.net
邮政编码　100009
编 辑 部　(010)66572180
市 场 部　(010)66572281　66572157
印　　刷　北京润田金辉印刷有限公司
开　　本　880 毫米 × 1230 毫米　1/32
印　　张　9.5 印张　2 插页　179 千字
版　　次　2022 年 12 月第 1 版
印　　次　2022 年 12 月第 1 次印刷
定　　价　59.00 元

目　录

第一道防线　招聘认可企业价值观的骨干员工

一、明确符合企业自身的选拔标准 / 3

二、建立规范而科学的招聘流程 / 13

三、选拔与企业价值观相同的骨干员工 / 26

第二道防线　给骨干员工提供富有竞争力的薪酬

一、富有竞争力的薪酬待遇 / 41

二、建立一套科学合理的薪酬激励机制 / 49

三、建立高效完善的薪酬管理制度 / 62

第三道防线　肯定和认同员工的劳动成果

一、在更高的需求层次上尽可能满足员工 / 73

二、肯定和认同骨干员工难在何处 / 89

三、及时对骨干员工的工作给予正面表扬和评价 / 101

第四道防线　把关怀放到一线岗位上

一、时刻关心骨干员工的切身利益 / 111

二、让骨干员工感知到来自企业的关心 / 120

三、留住骨干员工必须先感动骨干员工 / 135

第五道防线　尊重和赞赏骨干员工

一、尊重员工的权利、价值和愿望，乃至关心他们的未来 / 149

二、赞赏骨干员工要真诚 / 156

第六道防线　帮助骨干员工实现梦想

一、给骨干员工提供职业发展的平台 / 165

二、员工持股是留住骨干员工的“金锁链” / 170

三、为骨干员工提供培训 / 179

第七道防线　建立骨干员工岗位问责机制

一、推行骨干员工岗位责任制的六个要点 / 189

二、厘清企业责权关系的三种方法 / 196

三、岗位问责制落实的两个步骤 / 202

第八道防线 构建科学的骨干员工动态管理模型

一、动态管理模型必须系统化、动态化 / 209

二、骨干员工流失预警机制 / 213

三、建立高效的骨干员工管理系统 / 220

第九道防线 建立完善的骨干员工退出机制

一、建立骨干员工退出机制 / 235

二、标准化的、系统的人力资源退出机制 / 239

三、退出机制应注重人性化、理性化和柔性化 / 246

第十道防线 建立骨干员工储备机制

一、骨干员工备份的积极作用 / 253

二、备份骨干员工来防范用人风险 / 263

三、优先从内部选拔培养来备份骨干员工 / 276

参考文献 / 290

后 记 / 295

第一道防线

招聘认可企业价值观的骨干员工

在“互联网+”时代，随着互联技术普遍运用于管理领域，越来越个性化的“90后”“00后”已经成为中国企业的骨干员工，一旦管理不当，导致骨干员工过多或者过频地流动，将会给中国企业造成巨大损失。

要解决这个问题，一方面需要企业管理者做好骨干员工的招聘工作，另一方面要有效地激励骨干员工。只有双管齐下，才能更好地吸引和留住骨干员工。做好前项工作，企业管理者第一步要做的是制定科学、合理的招聘标准，形成规范的招聘流程，选拔认可企业价值观的骨干员工，然后有针对性地进行培训和激励。

一、明确符合企业自身的选拔标准

对于任何一个组织来说，不管是稳健地生存与发展，还是在竞争中脱颖而出，骨干员工都是克服重重困难、实现辉煌的关键所在。这里的组织，主要包括大型企业、中小型企业、微型企业以及作坊企业，甚至是两到三个人的合伙人团队。

众所周知，骨干员工是提高企业核心竞争力，实现基业长青和永续发展的基石。随着中国企业越来越多地参与全球化竞争，一些中国企业管理者开始意识到，骨干员工是保证企业生存与发展的决定性要件，于是尝试用各种各样的方法来招聘和留住骨干员工。要想留住骨干员工，企业管理者就需要从源头的招聘环节抓起。

在骨干员工管理流程中，包含“选人、用人、育人、留人”四大基本职能。按照这个流程，招聘和选拔排在四大基本职能之首，直接关乎企业引进骨干员工的数量和质量。引进的骨干员工质量较高，会促进企业的健康、快速、高效发展，更好地完成企业的战略发展目标。相反，引进的骨干员工质量较低，或引进的骨干员工不符合企业要求，一旦企业在需要用人时找不到适合的人选，就会对企业的正常发展极为不利，不仅阻碍企业的生存与发展，甚至会给企业带来难以想象的灾难。

这意味着骨干员工的招聘和选拔的成功与否将直接影响一个企业的兴衰成败。

与欧美发达国家的企业不同的是，中国企业的人才招聘研究工作才刚刚开始，在招聘过程中还存在着诸多问题，如何提高企业招聘工作的有效性，如何选择合适的招聘模式，成为摆在企业面前的一道难题。[①]

1. 科学合理的选拔标准

对于任何企业管理者来说，解决留住骨干员工这个问题，较为有效的办法就是在招聘骨干员工的过程中制定和实施科学、合理的选拔标准。企业管理者如果留不住骨干员工，那么极有可能就是标准制定得不合理，影响了企业整体的骨干员工管理工作，导致骨干员工的流失。

我在给企业做内训时发现，一些微型企业的管理者认为科学的选拔标准对他们来说压根儿就没有必要。其实，这样的观点是错误的。即使是那些处在草创时期的微型企业，科学的选拔标准也是较为重要的，具体表现在两方面：一是制定科学的选拔标准是完善企业制度的一次机会；二是可以解决中国大多数微型企业管理非常混乱，甚至有的根本就没有制度等诸多问题。

---

① 孟宪辉：《民营企业招聘人才模式研究》，硕士学位论文，中国海洋大学，2009 年。

很多管理者之所以持有这样的观点，源于小型企业特别是微型企业受到各种条件的限制，没有一套系统的制度可以准确地评估一位候选骨干员工的适任程度，只是把大多数注意力集中到较为明显的方面，如工作经历、学历、培训技能等方面，结果往往不理想。其中一个重要的原因是，候选员工的工作经历和岗位相关的经验与甄选的期望存在一定误差，这为日后员工的离职埋下了祸根。

透过这个问题我们可以看到，骨干员工个人的业绩表现不仅取决于他们自身的能力、知识、经验，还与他们所就职企业的环境、个人的性格、工作态度和行为模式有关。从这个角度上看，盲目引进骨干员工注定是一个双输的结局，主要有以下两个方面原因：一是骨干员工可能面临一次失败的职业尝试，二是造成企业时间和成本的浪费。

梳理发现，造成上述问题的原因通常有如下两个：

第一，企业管理者没有将真实的胜任信息和工作环境准确地传达给候选骨干员工。很多企业管理者用人心切，急于招聘到拥有丰富工作经验的骨干员工，不太可能把真实的胜任信息以及工作环境准确地告知候选的骨干员工，导致候选骨干员工匆忙入职，可能不适应新就职组织的文化、工作技能、岗位要求等诸多因素，面临一次失败的职业尝试。

第二，没有较为详细的胜任标准去衡量候选骨干员工人选。在很多企业，由于缺乏制度的支撑，也不可能制定科学的选拔标准和胜任标准，导致很多企业在引进骨干员工的过程中往往以试错的方式来引进，结果可能造成时间和成本的诸多浪费。

出现上述两种情况的企业非常多，用触目惊心来描述一点儿也不过分。通过走访发现，出现上述问题的根源在于企业管理者在骨干员工引进上犯了诸多错误。作为骨干员工的直接需求者，企业管理者是最清楚需要何种骨干员工的。在引进骨干员工之前，企业管理者首先要搞清楚需要何种骨干员工，其次才是启动下一步的员工招聘程序。方法见表 1–1：

表 1–1　引进骨干员工之前，企业管理者需要清楚的问题

序号	内容
1	搞清楚企业到底需要何种骨干员工
2	所需骨干员工应具备何种性格特点和素质
3	向外发布的骨干员工岗位需要承担何种工作职责和岗位要求
4	企业引进骨干员工的绩效期望，要求骨干员工具备何种资质条件
5	更好地让引进骨干员工胜任岗位工作，要求骨干员工具备何种最为关键的胜任能力
6	企业管理者如何去衡量引进骨干员工的这些胜任能力

2. IBM 的人才选拔标准

在骨干员工的引进过程中，制定一个科学的选拔标准，并不是要求微型企业制定非常详细、正式的一套胜任标准，但至少对于关键的职位，按照企业的实际情况，应尽可能地制定

一套本企业真正需要的胜任标准，以便最大限度地减少因用人失误可能造成的损失。鉴于此，企业管理者只有尊重科学的选拔标准，才能从根本上提升骨干员工的胜任能力和忠诚度，同时这也是留住骨干员工的一个有效途径。

纵观古今中外，选拔人才都有一系列标准，中国道家学派创始人老子就确定了选拔人才的五个标准——“道、德、仁、义、礼”。按照传统文化的道德标准，老子的人才标准提升了人才的胜任程度，同时可以最大限度地发挥人才的效用。在海外的跨国企业中，作为世界500强企业的IBM在选拔雇员时，同样也有自己的标准。

IBM创建于1911年，总部位于美国纽约州的阿蒙克市。创建之初，IBM核心业务主要集中在商业打字机，之后转为文字处理机，然后转型到计算机和有关咨询服务领域。经过100多年的发展，IBM已经发展成为全球最大的信息技术和业务解决方案提供商，拥有31万多雇员，业务遍及160多个国家和地区。

是什么造就了IBM这家百年老店的辉煌成就呢？答案就是招聘与企业价值观相同的员工。时任IBM公司大中华区人力资本管理经理白艳在接受《中外管理》杂志记者采访时谈到该公司非常重视人才的甄选：“IBM特色人才甄选计划经多年实践积淀，能够准确识别出适合其需求的人才。他应该有负责的态度、旺盛的‘企图心’、高效率工作的能力、‘随需应变’

的创新能力、良好的团队精神等。”①

白艳认为，IBM 的人才甄选计划，使企业能够准确识别出适合其需求的人才，也使这个百年企业长期生存和发展。

在接受《中外管理》杂志记者采访时，白艳对 IBM 的人才选拔标准归纳如下，见表 1–2。

表 1–2　IBM 的人才选拔标准

序号	标准	具体内容
1	诚实与正直	IBM 在选择骨干员工时，对诚信尤为看重，要求每名骨干员工都要做到诚实、正直
2	自信心及主动精神	IBM 在选择骨干员工时，希望骨干员工具备自信心，以及主动去学习和工作的精神
3	团队协作精神	IBM 在选择骨干员工时，希望骨干员工具备良好的团队精神，即使某个应聘者的能力再强，缺乏团队精神，IBM 公司也不会录用
4	价值观	认同 IBM“蓝色军团”的三个核心价值观：力争取胜、快速执行、团队精神
5	看重骨干员工未来发展的潜力	IBM 不迷信所谓的名牌大学，更看重骨干员工未来发展的潜力：学习能力、适应变化能力、创新能力、沟通能力

除了以上几个标准，IBM 还设立了专业研发小组，针对职位设定、岗位数量、工作描述以及素质要求等具体问题建立素质模型。②

---

① 李源：《企业转型期，HR 要打破思维疆界》，《中外管理》2011 年第 3 期。

② 参见为明：《IBM 如何为人才成长、发展铺路》，《专家工作通讯》2007 年第 4 期。

在培养领导者方面，IBM 也较为重视。为了更好地培养各个岗位上合格的领导者，IBM 实施了“接班人培养计划”。在这个培养计划中，包括 IBM 高层领导者在内的所有领导层必须具备的领导综合能力，见表 1-3[①]：

表 1-3　领导层所应具备的领导才能

序号	领导才能	具体内容
1	快速执行的能力	团队领导、直言不讳、团队精神、决断力
2	持续的功能	培养组织能力、教导 / 培养人才、工作奉献度
3	核心特质	对业务的忠诚
4	必胜的决心	行业洞察力、创新的思考、达到目标的坚持

正是凭借科学的骨干员工选拔标准，保证了 IBM 的健康发展和传承。在创业之初，IBM 创始人托马斯·约翰·沃森（Thomas John Watson）明白，任何一个企业的竞争，其实质都是骨干员工的竞争，不仅是企业赢得竞争的根本，还是企业赢得竞争宝贵的战略资源。

在托马斯·约翰·沃森看来，招聘与企业价值观相同的骨干员工，是 IBM 生存与发展的一个决定因素。

3. 曹操的用人标准

企业管理者在招聘前必须清楚，一开始就找对合适的骨

① 参见马志坚：《IBM 领导力评价体系解析》，《现代人才》2011 年第 6 期。

干员工，远比招进来后在使用过程中去想尽办法改变骨干员工更加重要。

企业在选拔骨干员工时，必须评估他们的知识、经验、技能、性格、价值取向、责任与授权、工作环境等。在这些评估项目中，很多内容无法直接观察，这就需要一套科学的选拔标准。

不可否认的是，科学的选拔标准不仅可以帮助企业管理者找到合适的、拥有与企业价值观相同的骨干员工，同时还可以起到宣传企业、向社会展示该企业的用人之道、塑造企业良好形象的作用，尤其是通过广告招聘、参加大型的人才交流会和校园招聘展示的企业形象，远比单纯地做产品广告效果要好得多，而且成本很低。许多企业正是认识到了这一重要性，所以在招聘中实施科学的选拔标准吸引骨干员工。[①]

古今中外，每一个时代用人标准是不一样的，这就要求制定科学的选拔标准。在三国时期，曹操就是一个能够制定人才标准的枭雄。正是曹操的用人标准，奠定了官渡之战胜利的基础。

在中国战争历史上，官渡之战是汉末乃至中国历史上有名的以少胜多的一个战例，也是曹操与袁绍争夺北方霸权的一个重要转折点。在官渡一战之后，曹操扭转了以前对袁绍的劣

---

① 参见梁东升：《企业人力资源的招聘与选拔研究》，《中外企业家》2013年第23期。

势，为统一北方奠定了坚实的基础。

官渡之战初期，曹操明显处于劣势，刘晔、荀攸、许攸三人为曹操扭转了官渡之战的困局。曹操取得最终的胜利，这得益于他的用人之道。刘晔、荀攸、许攸皆是人才，献上计谋，有化险为夷之功，可说是一计敌万人。[①]

对于官渡之战，毛泽东同志就客观地评价过。1936 年 12 月，毛泽东同志在中国抗日红军大学的讲演上，就以“中国革命战争的战略问题”为主题，把官渡之战作为中国历史上“双方强弱不同，弱者先让一步，后发制人，因而战胜”的著名战例之一。

众所周知，战争的胜负取决于双方政治、军事、经济等多方面条件，但首当其冲的是双方军事实力的较量。曹操在官渡之战中，实力明显不如人力、物力都占有绝对优势的袁绍，但他以少击众、以劣势对优势并最终大获全胜，其取胜之道是值得后人很好地深思的。[②]

曹操清醒地认识到，人才是决定事业成败的关键。起兵之初，曹操就说道：“吾任天下之智力，以道御之，无所不可。”曹操唯才是举的用人标准，值得中国企业管理者深思。

作为一个善于选拔人才的管理者，曹操选拔人才的标准

① 参见李孝磊：《〈三国演义〉中袁绍与曹操各自谋士的比较》，《陕西广播电视大学学报》2018 年第 3 期。

② 参见王贝：《浅析官渡之战中的战争规律性》，《青春岁月》2016 年第 3 期。

是什么？曹操在《求贤令》中讲道：“自古受命及中兴之君，曷尝不得贤人君子与之共治天下者乎！及其得贤也，曾不出闾巷，岂幸相遇哉？上之人不求之耳。今天下尚未定，此特求贤之急时也。‘孟公绰为赵、魏老则优，不可以为滕、薛大夫。’若必廉士而后可用，则齐桓其何以霸世！今天下得无有被褐怀玉而钓于渭滨者乎？又得无有盗嫂受金而未遇无知者乎？二三子其佐我明扬仄陋，唯才是举，吾得而用之。”

从这篇政策性极强的檄文，不难看出曹操求贤若渴、求贤心切的肺腑之情。在这篇短短的文字中，其“字里行间，交织着深沉的感情，文辞恳切，语言淳朴率直”。在与袁绍较量时，曹操光着脚跑出军营迎接许攸，还拍着双手大笑说：“吾事济矣。”合理地任用人才，最大限度发挥人才作用，是曹操的高明之处。曹操提出“唯才所宜”，就是把人才安排到最合适的位置上去。[①]

---

① 参见李庚辰：《曹操的人才观》，《中国人力资源开发》1996 年第 3 期。

二、建立规范而科学的招聘流程

由于企业自身的原因，在招聘骨干员工时，问题往往很多，使人力资源部的工作效率迟迟无法得到有效的提升。这样的窘境无疑像一道横亘在企业管理者心中的坎。要想迈过这道坎，作为企业管理者，就必须构建科学的招聘流程。

中国心理学会资深顾问王秋实在接受媒体采访时就谈到这个问题。她说："在通常方式的招聘流程中，有很多需要改进的地方，诸如从海量简历中进行烦琐的人工筛选，四处找寻试题对岗位涉及的能力进行考核，手动对所有被测人员的测评结果进行分析与排序……如果每一个阶段都如此机械，结果必然是时间、金钱成本上的浪费。他们希望能有一套综合性的解决方案缩减掉不必要的人工程序，提升招聘效率。"

在案例分享环节，王秋实认为，构建科学的招聘流程，才是招聘到期望人才的关键。王秋实建议："首先，采用标准化的操作方式进行简历的筛选，通过对简历数据的结构化管理，将简历进行分类，利用模糊筛选缩小目标群体；其次，快速获取某项职位的关键能力考核点，用与之匹配的考核试题对被测人员进行能力、素质的客观评价；最后，根据招聘考试的结果，让招聘主管在面试时有一份客观的评价报告作为决策依据。按照这样的人才甄选流程，原本数月的工作量就可以得到大幅地缩短。”

大量事实证明，建立规范而科学的招聘流程是留住骨干员工的一个重要环节。虽然增加了招聘成本，却简化了某些人工程序，节省更多的时间来选择与企业价值观相同的骨干员工。

1. 填写《人员增补申请单》

建立规范而科学的招聘流程涵盖如下几个阶段：一是确定人员需求，二是制定招聘计划阶段，三是人员甄选阶段，四是招聘评估阶段。

工作流程如下：

一是用人部门提出申请——部门经理向人事部门提出所需人数、岗位、要求，并解释理由。二是人力资源部门复核，由最高管理层审核招聘计划。三是人事部根据部门递交的需求人员申请单，确定招聘的职位名称和所需的名额。四是对应聘人员的基本要求——资格及条件限制，比如该职位所限制的学历、要求的年龄、所需能力和经验等。五是所有招聘的职位的基本工资和预算工资的核定。六是制定及发布资料，准备通知单或公司宣传资料，申请办理日期。七是联系人才市场或张贴招聘通知、安排面试时间及场地和面试方式。八是最终确定人员，办理试用期入职手续，签订合同并存档。[①]

根据这个流程，首先就必须填写《人员增补申请单》，具体有如下几点：

（1）当某个员工离职，导致其余成员的工作量增加，该岗位急需增补人员，此刻，企业管理者就可以向人力资源部申请领取《人员增补申请单》，见表 1-4。

表 1-4　人员增补申请单

<table>
<tr><td>申请部门</td><td></td><td>增补职位</td><td></td><td>增补员额　　人</td></tr>
<tr><td>申请增补理由</td><td colspan="2">□ 扩大编制　□ 辞职补充
□ 储备人力　□ 短期需要
□ 兼职人员（请注明上班时间）

□ 其他________</td><td>工作性质：</td><td>希望报到日期：
年　月　日</td></tr>
<tr><td>增补岗位的目的及作用</td><td colspan="4"></td></tr>
<tr><td>应聘资格条件</td><td colspan="4">性别：□ 男　□ 女　□ 不限
婚姻：□ 已婚　□ 未婚
户籍要求：□ 京籍　□ 非京籍　□ 不限
年龄：____岁—____岁
学历：□ 大专　□ 本科　□ 硕士　□ 博士
英文或其他语言________
□ 不限　□ 中等　□ 熟练
工作地点：________</td></tr>
</table>

① 参见周欢欢：《基于整个招聘工作过程的企业招聘活动有效性测评的构建》，《现代企业文化》2014 年第 30 期。

续表

福利待遇	月薪：
增加（补充）人员工作内容	
考核指标及达到程度	
岗位要求	工作经历：年限：________ 职责：________ 工作行业性质：________ 个性：________ 技能：________ 其他：________
工作的基本特征	（1）出差情况：每月平均（　）次，每次平均需要（　）天 （2）内部接触情况： ·在工作中不与其他人接触（　） ·只与本部门内几个同事接触（　） ·需与其他部门的人员接触（　） ·需要与其他部门的部分领导接触（　） ·需要同所有部门的领导接触（　） （3）外部接触情况： ·不与本公司以外的人员接触（　） ·与其他公司人员接触（　） ·与其他公司的人员和政府机构接触（　） ·与其他公司、政府机构、外商接触（　） （4）监督： ·直接和间接监督的人员数量（　） ·被监督的管理人员数量（　） ·直接监督人员的层次：一般职工、基层领导、高层领导（　）

续表

其他能力要求及程度	·领导能力　□ 低　□ 较低　□ 一般　□ 较高　□ 高 ·指导能力　□ 低　□ 较低　□ 一般　□ 较高　□ 高 ·激励能力　□ 低　□ 较低　□ 一般　□ 较高　□ 高 ·授权能力　□ 低　□ 较低　□ 一般　□ 较高　□ 高 ·创新能力　□ 低　□ 较低　□ 一般　□ 较高　□ 高 ·计划能力　□ 低　□ 较低　□ 一般　□ 较高　□ 高 ·资源分配能力　□ 低　□ 较低　□ 一般　□ 较高　□ 高 ·管理技能　□ 低　□ 较低　□ 一般　□ 较高　□ 高 ·组织人事能力　□ 低　□ 较低　□ 一般　□ 较高　□ 高 ·时间管理能力　□ 低　□ 较低　□ 一般　□ 较高　□ 高 ·人际关系能力　□ 低　□ 较低　□ 一般　□ 较高　□ 高 ·协调能力　□ 低　□ 较低　□ 一般　□ 较高　□ 高 ·群体技能　□ 低　□ 较低　□ 一般　□ 较高　□ 高 ·谈判能力　□ 低　□ 较低　□ 一般　□ 较高　□ 高 ·冲突管理能力　□ 低　□ 较低　□ 一般　□ 较高　□ 高 ·说服能力　□ 低　□ 较低　□ 一般　□ 较高　□ 高 ·公关能力　□ 低　□ 较低　□ 一般　□ 较高　□ 高 ·表达能力　□ 低　□ 较低　□ 一般　□ 较高　□ 高 ·写作能力　□ 低　□ 较低　□ 一般　□ 较高　□ 高 ·诵听敏感能力　□ 低　□ 较低　□ 一般　□ 较高　□ 高 ·信息管理能力　□ 低　□ 较低　□ 一般　□ 较高　□ 高 ·分析能力　□ 低　□ 较低　□ 一般　□ 较高　□ 高 ·判断决策能力　□ 低　□ 较低　□ 一般　□ 较高　□ 高 ·实施能力　□ 低　□ 较低　□ 一般　□ 较高　□ 高 ·其他		
申请部门/人		申请日期	
人事部意见			
总经理意见			

（2）当领取《人员增补申请单》之后，需要填写具体的事项——增补员工的缘由、增补员工的岗位任职资格条件、增补员工的工作内容等，同时，其任职资格必须参照《岗位描述》的内容填写。

（3）将填好后的《人员增补申请单》签批后，上报人力资源部。

（4）当人力资源部收到提交的《人员增补申请单》之后，通常会核查各个部门的人力资源配置情况，一旦有相关储备人才，往往从内部调动解决人员需求。

（5）如果内部调动不能满足岗位空缺需求，人力资源部便会将提交的人员补充计划上报给企业决策者——老板或者总经理。当人力资源部得到批复后，就开始进行外部招聘。

2. 制订招聘计划

当企业管理者把人员增补申请单批准返回给人力资源部后，招聘计划程序立即启动。可能读者会问，什么是招聘计划呢？所谓招聘计划，是指人力资源部依据部门经理的增员申请，结合企业的人力资源规划和职务描述书，明确在某个时间段内招聘企业所需的职位、人员数量、资质要求等制订具体的招聘方案。

在骨干员工引进过程中，制定招聘规划，实质上就是在拟定人员补充政策，目的在于使企业能够合理地、有目标地在中长期内将企业所需数量、质量和结构的人员补充在可能产生的职位空缺上。[①]既有效地实现骨干员工的合理配置，为企业扩大生产规模和调整生产结构提供骨干员工的可靠保证，同时弥补骨干员工的不足，有效地避免骨干员工招聘中的盲目性和随意性。具体包括以下两个方面：招聘程序和招聘计划的内容。

（1）招聘程序

招聘程序如下：

第一，获取骨干员工需求信息。明确规定骨干员工需求的信息；骨干员工离职产生的空缺信息；部门经理递交的招聘申请，并经相关领导者批准的信息。

第二，发布时间和发布渠道。在招聘骨干员工时，科学合理地选择合适的发布时间和发布渠道。

第三，确定招聘团队。在招聘骨干员工时，确定骨干员工的招聘团队，由专人负责。

第四，确定考核方案。在招聘骨干员工时，初步选择确定骨干员工的考核方案。

第五，明确招聘预算。在招聘骨干员工时，明确招聘骨干员工的预算。

第六，招聘工作时间表。在招聘骨干员工时，编写招聘骨干员工的工作时间表。

---

① 参见陈振华:《企业如何进行有效的招聘——宝洁公司校园招聘的启示》,《消费导刊》2006 年第 12 期。

第七，草拟招聘广告样稿。在招聘骨干员工时，草拟招聘骨干员工的广告样稿。

（2）骨干员工的招聘计划

骨干员工的招聘计划包括以下内容，见表1–5。

表1–5 招聘内容

序号	招聘计划内容	具体内容
1	需求清单	骨干员工需求清单，包括招聘的职务名称、人数、任职资格要求等内容
2	发布的时间和渠道	招聘骨干员工信息发布的时间和渠道
3	招聘小组人选	招聘小组人选，包括小组人员姓名、职务、各自的职责
4	应聘者的考核方案	应聘者的考核方案，包括考核的场所、大体时间、题目设计者姓名等
5	招聘的截止日期	招聘的截止日期
6	新骨干员工的上岗时间	新骨干员工的上岗时间
7	招聘费用预算	骨干员工的招聘费用预算，包括资料费、广告费、人才交流会费用等
8	招聘骨干员工的工作时间表	招聘骨干员工的工作时间表，尽可能详细，以便于他人配合
9	招聘广告样稿	招聘骨干员工的广告样稿

作为人力资源部，在做好招聘计划的同时，还必须主动分析企业的用人需求。一般来说，人力资源部必须考虑以下几个方面因素：第一，要对企业未来经营发展战略、中长期经营

计划和企业经营方针有总体把握，对未来经济发展态势和人力资源供求状况有科学的预测。[①]第二，调查分析现有员工，涵盖年龄、职务、部门、专业、工作绩效等。[②]第三，确定招聘骨干员工的需求量。

3. 选择招聘渠道

按照招聘骨干员工的资格条件、工作要求和招聘数量，结合人才市场情况，确定选择什么样的招聘渠道，见表 1–6。

表 1–6　常用的招聘渠道

序号	内容
1	当大规模招聘多岗位时，人力资源部可以通过招聘广告和大型人才交流会、校园招聘等渠道
2	当招聘的人才不多，且岗位要求不是很高时，人力资源部可以通过内部发布招聘信息，或者选择定向的人才交流会
3	招聘高级经理人才时，人力资源部可以通过网上招聘，或通过猎头公司推荐

从以上三点来看，选择合适的招聘渠道也是有效地留住骨干员工的一种重要方法。一般来说，骨干员工的招聘渠道通常分为外部招聘和内部招聘两种形式，见图 1–1。

① 参见袁晓峰：《浅析人力资源管理手册在人力资源管理中的应用》，《河北企业》2009 年第 9 期。

② 参见肖盼盼：《商业银行员工组织承诺与工作绩效的实证研究》，硕士学位论文，江苏科技大学，2011 年。

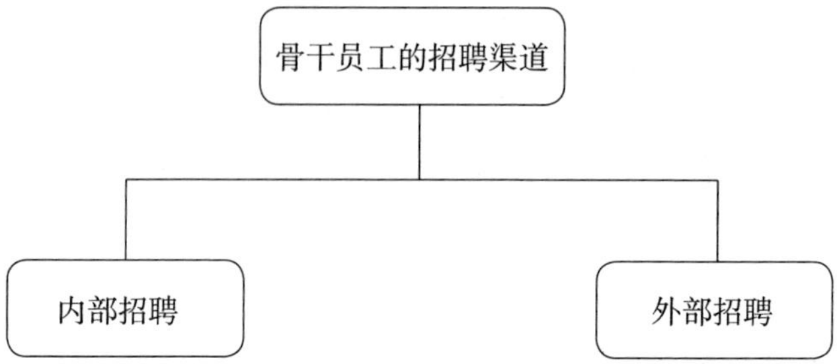

图 1–1　骨干员工的招聘渠道

按照外部招聘细分，还可分为报纸媒介广告招聘、人才交流会招聘、职介招聘、毕业生洽谈会招聘、自荐或者他荐招聘，以及猎头招聘等，见图 1–2。

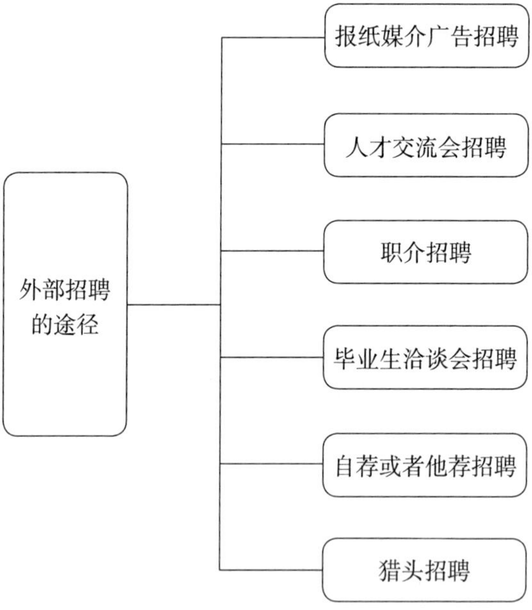

图 1–2　外部招聘的途径

（1）广告招聘

媒体广告招聘，包括报纸、电视、互联网等。通过媒体广告招聘时，人力资源部必须分析其媒体的优缺点进行投放，见表 1–7。

表 1–7 招聘广告在不同媒体的优缺点

媒介选择	优点	缺点
全国性报纸杂志	受众较广，适用于高级职务或技能稀缺的职务招聘	招聘费用昂贵（基于广告大小和版面位置）
地方报纸杂志	受众较少，适于除高级职务和高技能职务外的所有职务招聘，招聘费用相对较少	受众范围小，招聘人才的预期降低
业界报纸杂志	招聘费用适中，适于专业的和技术性的职务招聘	受众范围小，不能大规模招聘
专业报纸杂志	招聘费用低，针对人口的某一分区人才的招聘	受众范围小，不能大规模招聘

从表 1–7 可以看出，在使用广告方式作为招聘渠道时，应注意以下问题，见表 1–8。

表 1–8 广告招聘渠道的注意事项

序号	内容
1	选择收效最佳的广告媒体
2	企业招聘广告设计需突出企业
3	广告语精练醒目，令人印象深刻
4	明确职位说明书
5	招聘广告应明确岗位、人数及所需任职资格，并注明待遇等

（2）人才交流会招聘

人才交流会招聘是很多企业管理者常用的招聘渠道，为企业招聘提供了方便。企业管理者通过人才交流中心招聘骨干员工，其优势在于，针对性强，费用低廉，既节省招聘费用，也可以缩短招聘周期，择优录用。其劣势在于对于如计算机、通信等热门人才或高级人才效果不太理想。

（3）毕业生洽谈会招聘

通过毕业生洽谈会招聘骨干员工无疑也是一条重要途径。其优势在于，大专、本科硕博毕业生的综合素质较高，具有巨大的发展潜力；其劣势在于，由于大专、本科硕博毕业生缺乏工作经验，必须经过培训才能为企业服务。

（4）职业介绍所招聘

企业管理者通过职业介绍所招聘骨干员工，优势在于应聘者数量大，能够得到相关专业的咨询与服务，大大地节省时间。劣势在于支付一定的招聘费用，可能不够了解应聘者的情况，甚至不一定有企业管理者所需要岗位的骨干员工。

（5）自荐或他荐

自荐或他荐都需要了解企业所需要的人才信息，这才是能够有效促成自荐或他荐的前提条件。在通常情况下，自荐是某个员工看到企业的招聘广告或通过其他渠道了解到企业有关招聘信息后，主动与企业人力资源部门联系的应聘方式。

他荐一般是指本企业员工或者相关单位负责人推荐。本企业员工推荐对招聘专业人才比较有效。由于是熟人推荐，相对比较可靠，可节省招聘费用和简化程序。其优点在于招聘成本小，应聘人员素质高，可靠性高。

据公开资料显示，美国微软公司有 40% 的员工都是通过员工推荐方式获得的。为了鼓励员工积极推荐，企业可以设立一些奖金，用来奖励那些为公司推荐优秀骨干员工的员工。

不过，他荐的劣势在于，熟人推荐往往在一定程度上降低了录用标准，可能为日后管理带来隐患。因此，企业管理者通过他荐招聘渠道时，必须遵守以下几个原则，见表 1–9：

表 1–9　他荐招聘渠道的注意事项

序号	内容
1	应聘者必须经过各项能力测评后方可录用
2	相关专业或相关领域的熟人介绍有能力的人前来应聘
3	应聘者被录用后，被介绍人尽可能不在介绍人领导下工作
4	如果推荐人的职业能力不足以评价被推荐人的职业领域时，不可采取这种方式

（6）猎头招聘

为了有效地引进高级和尖端骨干员工，企业管理者可以通过猎头招聘，只不过需要支付较高的招聘成本。一般来说，企业管理者委托“猎头”公司专业人员进行接洽，其费用通常是高级和尖端骨干员工年薪的 30%。当前在北京、上海和沿海地区，通过猎头招聘高级和尖端骨干员工较为普遍。

三、选拔与企业价值观相同的骨干员工

选拔作为骨干员工管理过程中的一环，其作用主要表现在为企业“过滤”和“筛选”所需要的骨干员工。对于任何一家企业来说，都有其针对性的骨干员工需求，只有对众多应聘者进行有效甄别，选拔出符合自己企业需要的骨干员工，才算是有效的招聘。

管理专家章颂红撰文指出：“控制人才流失的源头经验表明，企业雇佣什么样的人，对能否留住人有重大关系。有效地留住优秀而且合适的员工的最好策略应当从员工进入的最早阶段即招聘阶段开始。近来的研究显示，几乎80%的员工流失与招聘阶段的失误有关。由于招聘、培训和更替的成本很高，这种刚招进来不久就发生的流失对企业来说损失很大，而对于雇员来说刚进入就离开的流动也是一种损失。所以，企业不但应当充分利用招聘的甄选作用，达到更有效地挽留优秀、合适员工的目的，更应避免招聘中甄选失误带给企业的损失。”[①] 由此可见，选拔与企业价值观相同的骨干员工，才有利于留住骨干员工。

---

① 章颂红：《有效招聘——企业留住人才的基础》，《内蒙古科技与经济》2005年第1期。

1. 每个企业都应切实把人力资源作为战略资源来抓

在“互联网+”时代，技术已经成为决定一个企业是否具有竞争力的重要因素。管理专家张慧敏撰文指出：“技术的较量归根到底是人才的较量。知识型员工作为掌握科学技术知识的人才，日益成为各企业争夺的对象。”[①]

在张慧敏看来，与对手的竞争实质上就是骨干员工的竞争，在与对手的较量中，骨干员工是根本，一旦缺乏骨干员工，赢得胜利则成为无稽之谈。因此，企业管理者选拔骨干员工已经成为企业生存与发展的决定性因素，骨干员工素质的好坏直接影响企业的生存与发展。这已经成为一个不争的事实。

令人欣喜的是，很多企业管理者认为，在企业战略中，最核心的战略依然是骨干员工资源战略。时任爱立信中国公司人力资源总监牛艳娜在接受媒体采访时介绍了爱立信的人才战略：“2006 年爱立信共收到 2 万份左右的有效求职简历，这些求职书分别来自网上、报纸广告、员工推荐、猎头四个途径，其中来自网上的简历最多，来自猎头公司推荐的较少。这些简历包括针对性的招聘职位，也包括非针对性的空缺。爱立信录用比例是 4%，约 800 人。”

其实，爱立信只是世界 500 强企业中的一个典型。随着

---

① 张慧敏：《浅析我国现代企业知识型员工的激励机制》，《经济师》2007 年第 12 期。

中国经济在世界市场中扮演越来越重要的角色，中国将成为世界500强抢占的桥头堡。在抢占这一市场时，首先抢占的就是与企业价值观相同的核心人才。谁占领了人才制高点，谁就会在市场竞争中脱颖而出。正因为众多企业清晰地了解这一点，企业管理者才在人才的引进上费尽心思。

例如，美国朗讯公司在人员选聘过程中，管理者就非常注重考虑骨干员工对全球增长观念、注重结果、关注客户和竞争对手、开放和多元化的工作场所、速度等文化价值观的认同。①

朗讯公司的案例说明，一旦与企业文化不相融合，即使该骨干员工工作能力和技能再强，这样的骨干员工也是留不住的。因此，企业管理者在筛选骨干员工时，必须让应聘者充分了解企业的工作环境、企业文化。又如，日本丰田公司在面试骨干员工时，管理者会尽可能地寻找经历和价值观与丰田公司企业文化相一致的应聘者。

在日本企业中，选拔与企业价值观相同的骨干员工不止丰田公司一家。早在20世纪80年代，日本大型企业就开始筛选和录用与企业价值观相同的骨干员工，有的企业还使用许多测量手段和方法来实现这一目标。

对此，时任丰田美国公司的总裁说道："我们寻找的是能够自己进行思考的人，这些人有自己解决问题的能力。其次，

---

① 参见王健、王尔同：《浅议人才测评在人力资源管理中的重要意义》，《电网与清洁能源》2005年第Z2期。

我们寻找那些能够在团队气氛中工作的人，简单地说，我们寻找的是有强壮心智的人，而不是有强壮脊梁的人。”在他看来，当骨干员工认同企业文化，就如同他们已经接受了一种信仰，也就愿意追随企业冲锋陷阵了。

2. 甄选与企业价值观相同的员工

能够准确地甄选与企业价值观相同的骨干员工，关乎企业的长远健康发展，一旦错选了与企业价值观不相同的骨干员工，这样的骨干员工就不可能留住，甚至还可能为之付出代价。就像清代有名的诗人顾嗣协在《杂兴》一诗中所说的那样：“骏马能历险，力田不如牛。坚车能载重，渡河不如舟。舍长以就短，智者难为谋。生材贵适用，慎勿多苛求。”

这几句话的意思是，骏马奔驰，越过千山万水，却不能像牛那样耕种田地；坚固的车辆能载重前行，却不能像船那样穿行在河流之上。

顾嗣协的观点依然适用于骨干员工的引进中，如果选择了与企业价值观相同的骨干员工，就像得到了一日千里的骏马；如果选择了与企业价值观不相同的骨干员工，就会出现“骏马能历险，力田不如牛。坚车能载重，渡河不如舟”的问题。这样的问题需要管理者谨记。

事实证明，一个企业如果有太多与企业价值观不相同的骨干员工，那只能说明一件事情，就是招聘工作没有做好。为什么这样说呢？因为在招聘过程中，企业管理者没有仔细甄选与企业价值观相同的骨干员工，而是胡乱招聘了几个“阿猫阿狗”。当然，解决这个问题不是难事，企业管理者只要把好招聘这个关口就可以避免了。

综观世界500强企业的招聘工作，你就会产生疑问，为什么同样的中国人，在外企就非常敬业，而在本土企业就吊儿郎当的呢？

这正说明了我们前面所说的问题，企业必须招聘到与企业价值观相同、有责任心、适合本企业的骨干员工。一旦匆匆忙忙地空降几个掌握企业所需技术的人才来，由于不能认可企业文化而终日浑浑噩噩，或者在短时间内就离职了，这样的招聘是不可取的。

对此，时任家庭存储公司首席执行官的米尔纳（Milner）在接受《商业周刊》采访，谈起公司在留住IT人才方面取得的巨大成就时说：“从前，我们没有做出好的雇佣决定。过去，家庭存储公司在雇佣人才的时候，并不强调他们要长时间地待在同一公司的意愿如何，或者能否适应公司文化，结果导致团队精神和组织团结的紧张。现在家庭存储公司做许多面试和测验来甄选求职者。我们不希望雇佣那些没有责任心和总是想着跳槽的人，即使他是很有才华的人。”

在竞争日趋激烈的今天，与企业价值观相同的骨干员工将决定企业竞争的成败。许多企业经营者对在技术业务方面出类拔萃的骨干员工，可谓是“又爱又怕又恨”。具体表现在：企业要发展就离不开核心人才，可一旦企业的核心人才辞职走人，带走的不仅是与企业生死攸关的项目、成果和客户资源等，还可能给企业带来灭顶之灾。有了这些顾虑，一些企业在使用核心人才时总是瞻前顾后，放不开手脚，往往处于“提心吊胆”之中。

针对这样的顾虑，解决的办法就是完善招聘流程。大量事实证明，有效地留住优秀的、合适的骨干员工，其极佳的策略是从骨干员工引进的最初招聘阶段开始。在招聘阶段，吸引和识别与企业价值观相同的应聘者有助于挑选“恰当”的骨干员工。因此，招聘、筛选与企业价值观相同的骨干员工，不仅可以直接降低骨干员工流失率，还可以带来其他的人力资源管理效果。

3. 把好员工招聘选拔关

企业管理者如果不能把好招聘选拔这一关，那么后果就异常严重：留不住好不容易招聘来的骨干员工，甚至有可能增加企业领先市场的技术和商业机密被泄露的风险。

纵观中国历史，我们发现，早在北宋时期，史学家司马光就提到了用人的标准——“德为才之帅，才为德之用”。

司马光把“德”放在“才”之前，足以说明“德”的分量。即使在今天，“德”依旧是企业管理者非常重视的考察指标。

万象集团的鲁冠球 2001 年颁布的一道关于企业接班人的标准可以作为很好的借鉴。鲁冠球说道："有德有才，大胆启用、大胆聘用，可以三顾茅庐，高薪礼聘；有德无才，可以试用，通过教育培训，视其发展而定无妨；无德无才，可以不用，因为一看就知道，不易混入；有才无德，绝对不能用，让其伪装混入，后患无穷。"

这表明，在人员使用上，万向集团对员工的道德和工作技能的看法是：员工道德比工作技能重要。这说明，"德"作为一个企业中的用人标准，保证了引进的骨干员工至少拥有不会泄露企业领先市场的技术和商业机密的职业操守。

岁月流逝，今天的用人形势尽管也发生了改变，但是把好骨干员工招聘选拔关，依然在为留住骨干员工发挥着重要的作用。目前，大多数管理者已经意识到关注骨干员工选聘的战略思想的重要性。在选聘时从战略上考虑到骨干员工在企业的持续发展性，为杜绝招聘那些既缺乏责任心、又与企业价值观不相同的骨干员工起到了第一层过滤网的防范作用。因此，在选聘骨干员工过程中，除了关注骨干员工个体素质外，还应认真分析其是否认可企业价值观等特点，如骨干员工的学历、性别、年龄、观念、价值取向等。

在中国古代及其近现代商业史上，中国商人在招聘选拔人才问题上非常慎重。商家在选择学徒时非常严格，通常选取年龄 15—20 岁的年轻人，不录用五官不端正，以及家世不清白者。商家要求店员能够熟练使用算盘，同时能够写出端正的楷书。此外，店员必须懂得察言观色，端茶倒水，小心翼翼侍奉掌柜。要用好“五壶四把”——所谓“五壶”是指茶壶、酒壶、水烟壶、喷壶和夜壶，所谓“四把”是指笤帚、掸子、毛巾和抹布。

可能今天的读者无法理解中国商人在招聘选拔人才问题上近乎苛刻的条件，但是正是这样的历练和塑造，才造就了中国古代、近现代商业史上的很多奇迹。

在近现代商业史上，有一个令中外研究者惊叹的商家——号称中国第一家票号的日升昌。在日升昌的人力资源管理中倡导避亲用乡、慎重选人的原则。何谓避亲用乡呢？避亲，即用人回避戚族，包括财东与掌柜也不能荐用自己的亲戚（“三爷”是绝对忌讳。所谓“三爷”，是指舅爷、姑爷和财东家少爷）。“用乡”是指录用本乡本土之人，因为同乡之间最为知根知底，所谓“同事贵同乡，同乡贵同心，苟同心，乃能成事”。

在此基础之上，日升昌在引进人才时遵循以下几个原则，见图1–3。

（1）避亲用乡

尽可能地避免任人唯亲，才能使人才进入日升昌。

（2）择优保荐

在进入日升昌工作的人员中，被录用者必须有保证人推荐，否则不予录用。这样就能保证被保荐者入号后一旦有越轨

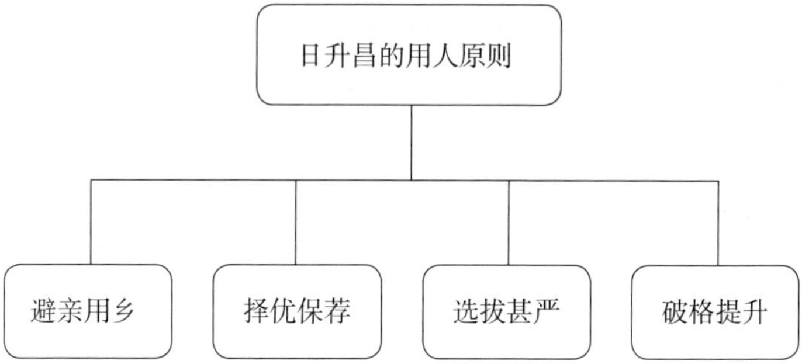

图 1–3　日升昌的用人原则

行为，当初推荐的保证人承担所有责任。

在推荐人中，一般由日升昌的掌柜或者其他人向财东推荐，或由财东直接考察。被派往各地分号的“老帮”（分店店长）和“副帮”（分店副店长）这样的管理者必须由掌柜遴选。公开资料显示，选择“老帮”和“副帮”的条件必须满足四个，见表 1–10：

表 1–10　担任“老帮”和“副帮”的四个条件

序号	内容
1	多谋善断，能攻善守，德才兼备，精明干练
2	善于交际，能说会道，能写会算
3	人品端正，无恶习
4	出身正派、善良，不要皂隶之子或鼓手后代，必须是孝子

（3）选拔甚严

日升昌的管理者对票号从业者的要求非常高，而且选拔甚严。尤其是在招聘掌柜时，不仅考察应聘者是否具备驰骋商场的才干，同时还打听应聘者为人处世时的道德品行。

在招聘学徒时，首先，对意向录用的学徒上查三代，了解前三代操何业，以示出身贵贱；其次，要询问应聘者本人履历、资历。

一旦通过上述考核，还必须通过面试、口试和笔试。具体内容如下：

第一,五官端正，身材适中，背直足小。在日升昌厅内，时常备有铁鞋一双，以查看应聘者的足大足小。对于不合要求的应聘者，掌柜就会拿出铁鞋和铁帽让这些应聘者试穿、试戴，以“祖宗旧例，晚辈难违”为名加以婉言谢绝。

第二，口齿伶俐，思维敏捷。

第三，书写，打算盘。通过者，入号以后还有三验：一验是否人品端正，遵守号规；二验是否勤劳俭朴，谦恭好学；三验是否忠诚廉洁，专心敬业。

（4）破格提升

一旦发现人才，通常会打破常规，破格提拔，委以重任。

在日升昌近 100 年的历史中，其“疆域”拓展至新加坡、俄罗斯等国家。不仅如此，日升昌还经历了中国社会动荡及其丧权辱国，期间有太平天国、甲午战败、庚子赔款……而它仍然能活跃在金融界 90 多年，这自然与它任人唯贤、选贤用能的人力资源管理是分不开的。

在电视剧《乔家大院》中，因做“霸盘”生意，大东家乔致广令包头复字号的生意陷入万劫不复的境地。急火攻心的乔致广因此病死。临死前，乔致广留下遗嘱，让其弟乔致庸走科举的仕途道路。病重的乔致广还亲自送乔致庸赶考，以期乔致庸能够光宗耀祖。

乔致广的病死，让复字号没有舵主。不得已，乔致庸的大嫂和大掌柜权衡利弊之后，决定把赌注押在正在考场应试的乔致庸身上。尽管这是下下策，甚至有悖遗言，但是复字号必须拥有一个能够力挽狂澜的少主。

此外，大嫂还通过联姻的方式融到资金。就这样，在生意场上的儿女情长英雄气短的不得已中，乔致庸开始了中兴复字号的第一步。

面对困局，资金有待解决，同时“三臣问题”也横亘在乔致庸面前。他抵达包头后，一个叫马荀的跑街伙计进入他的视野。

在当时，作为一个身份低微的伙计，却做出了两件让乔致庸不敢小觑的事情，最终破格提拔马荀担任大掌柜。

可能读者好奇的是，乔致庸凭什么破格提拔跑街的伙计马荀为大掌柜？又是什么原因敢把大掌柜的重任交给这个跑街的马荀？

答案是，马荀虽只是票号业务的一个跑街的伙计，但80% 的业务是他一人所为。马荀回老家时发现高粱地里的高梁长虫了，从这个细节就判断当年高粱收成降低，来年高粱的价格必然上扬。

于是，马荀把这株长了虫的高粱穗汇报给大掌柜、他的师傅顾天顺。顾天顺并未采纳。不得已，马荀直接向少东家乔致庸汇报，并告知乔致庸这株病高粱背后的生意。

此时的乔致庸致力于复仇，想置达盛昌于死地，而马荀却谏言放弃这一计划，一旦乔致庸真的那样做，马荀将离职，并简述自己的从业经历，以及晋商的抱团精神。

就这样，马荀在众多“跑街”中脱颖而出。当乔致庸身陷大狱，需要500万两白银时，意气风发的马荀居然贡献了160多万两，接近1/3。

日升昌是晋商的代表之一，在晋商数百年的辉煌中浓墨重彩地书写了一笔。日升昌的选人策略值得中国企业经营者学习和借鉴。由此可见，招聘的确是非常重要的一件事情，有效招聘不仅是企业留住人才的前提，更是企业长足发展的基础。因为究其结果，企业没有相当的人力资源队伍，只能是停滞不前的。[①]

---

① 参见闫静:《企业人才招聘面试标准的设计》,《现代经济信息》2013年第13期。

第二道防线

给骨干员工提供富有竞争力的薪酬

薪酬是骨干员工管理的非常重要的工具，已成为骨干员工管理的重要组成部分，对提高企业的竞争力有着不容忽视的作用。一旦使用得当，就能够真正地发挥好企业薪酬对骨干员工的激励作用，激发骨干员工高涨的工作热情，同时吸引和留住骨干员工。

北京华夏圣文管理咨询公司经过调查认为，企业要引进和留住骨干员工就必须建立一个对外富有竞争力的薪酬体系。在人力资源管理的诸多领域中，薪酬管理是最富有挑战性的，因为骨干员工得到报酬的多少是吸引和留住骨干员工、提高工作积极性、使他们安心工作并保持较高业绩水平的最主要因素。

一、富有竞争力的薪酬待遇

在骨干员工流动频繁的今天，富有竞争力的薪酬待遇才有可能吸引和留住骨干员工。企业管理者必须清楚的是，薪酬是骨干员工为企业作出贡献后所得到的相应回报，代表一个骨干员工的地位、成就、能力，对骨干员工起到很大的推动或反推动作用。

这意味着，一旦企业的薪酬制度不健全，薪酬发放不公平，就会影响骨干员工的工作士气，导致工作效率下降。管理者要想充分发挥薪酬激励的积极作用，调动骨干员工的工作积极性，就需要建立一个科学、合理的薪酬制度和薪酬管理流程，构筑合理、公平、公正的薪酬水平。

1. 竞争力薪酬体系可以达到的三个目的

在长期的管理实践中，由于企业经营者缺乏骨干员工管理方面的经验，加之对骨干员工的管理工作不够重视，使得骨干员工的薪酬矛盾越来越突出。

与之形成鲜明对比的是，综观诸多大型企业的人力资源管理体系，就会发现，具有竞争力的薪酬战略是吸引、激励、发展与留住骨干员工的最有力的工具，可以达到三个目的，见

表 2-1。

表 2-1　竞争力薪酬可以达到的三个目的

序号	具体内容
1	具有竞争力的薪酬体系能够吸引、留住与企业有相同价值观的骨干员工
2	能够合理确定企业内部各岗位的相对价值
3	由于薪酬与绩效挂钩，能够有效地激发骨干员工的工作动力，奖励其优秀的工作业绩，达到激励骨干员工工作激情的目的

从表 2-1 可以看出，管理者给骨干员工提供的薪酬是否合理，将直接影响骨干员工的工作积极性。一旦管理者给骨干员工提供了相对外部环境富有竞争力的薪酬，就会吸引企业发展所需的各类骨干员工。

假设 A 管理者给骨干员工提供的薪酬水平偏低，特别是关键的技术骨干力量的薪酬水平较市场明显偏低，此刻再不及时调整薪酬，就会导致企业技术骨干和部分中层管理者流失。这不仅增加了新骨干员工招聘的成本，还有可能给竞争对手培养了人才，曾经的某些领先技术，极有可能被竞争对手在短时间内超越。

从这个角度来分析，如果不给骨干员工提供相对外部环境富有竞争力的薪酬，造成企业骨干员工流失的后果是极为明显的——企业不断招聘新骨干员工以满足运作需求的同时，骨干员工又不断离职，这种恶性循环既增加了企业的培训和招聘成本，还造成了企业人力资源的极大浪费。

另外，管理者如果不给骨干员工提供相对外部环境富有竞争力的薪酬，还会影响骨干员工的工作积极性。对此，哈佛大学教授威廉·詹姆斯（William James）通过实验发现，在缺乏科学、有效激励的情况下，人的潜能只能发挥出20%—30%，科学有效的激励机制能够让骨干员工把另外70%—80%的潜能也发挥出来。[①]

从威廉·詹姆斯教授的发现来看，激励是骨干员工管理的核心，而薪酬激励又是企业激励机制中最重要的一个激励手段，也是目前企业普遍采用的一种有效的激励手段。相对于内在激励，管理者更容易控制它，而且也较容易衡量其使用效果，如果能够真正发挥好企业薪酬对骨干员工的激励作用，就可以达到企业与骨干员工双赢的目的。[②]因此，一个企业能否建立起完善的薪酬激励机制，将直接影响到员工的工作积极性和责任心。

2. 竞争力薪酬体系的构成

一般来说，富有竞争力的薪酬体系主要包括：（1）工资。

---

① 参见李瑾：《浅谈企业管理中如何有效激励员工》，《企业技术开发》2014年第24期。

② 参见柳婷：《建立有效激励的薪酬体系》，《江苏企业管理》2007年第7期。

工资通常分为计时工资、计件工资。（2）津贴。津贴通常分为地域性津贴、生活性津贴、劳动性津贴。（3）奖金。奖金通常分为考勤奖金、效益奖金、项目奖金、红包等。（4）福利。福利通常分为社会保险福利、用人单位集体福利。（5）期股。企业经营者在与企业所有者约定的期限内享有以某一预先确定的价格购买一定数量本企业股票的权利。

从这个角度来看，薪酬体系不仅包括工资和福利，还可以让骨干员工持有公司股权，比如华为，在薪酬设计时，就把公司股权考虑进去了。当然，并不是要求每一个企业给员工竞争力薪酬时都把股权考虑进去。这不过是为了更好地激励骨干员工的手段而已。单从企业对员工激励角度讲，把薪酬的总量考虑进去就可以了。

一般来说，薪酬分为狭义和广义两个部分。

（1）狭义的薪酬

所谓狭义薪酬，是指货币和可以转化为货币的报酬，即薪酬总收入，见图 2–1。

（2）广义薪酬

一般来说，广义薪酬分为两类，见图 2–2。

将图 2–2 继续细分如下：

第一，保健性薪酬，如工资、固定津贴、社会强制性福利、公司内部统一的福利项目等。

第二，激励性薪酬，如奖金、物质奖励、股份、培训等。

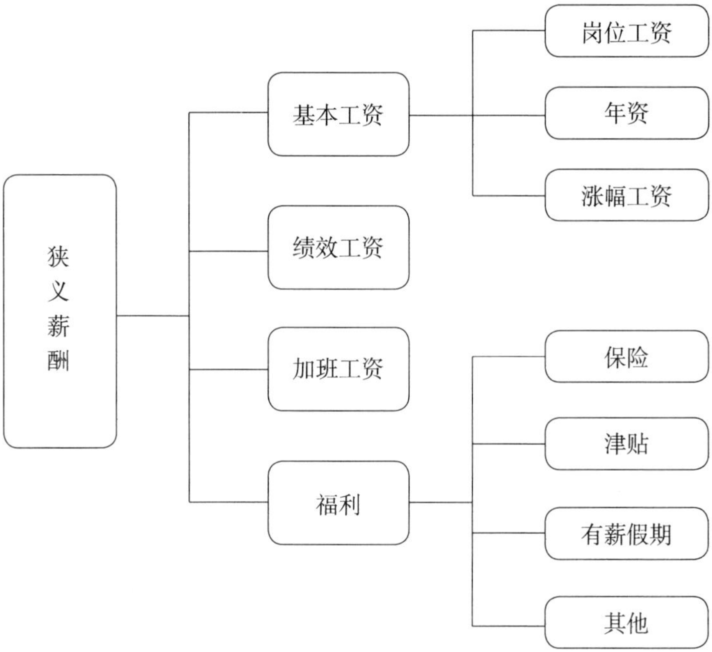

图 2-1　狭义薪酬的构成

图 2-2　广义薪酬的两个分类

在广义薪酬中，一旦保健性薪酬达不到骨干员工期望，骨干员工就会感到不安全，导致工作士气下降，甚至是骨干员工流失。

在某些时候，虽然高额工资和多种福利能够暂时吸引骨干员工的加入并留住骨干员工，但这些待遇时常被骨干员工认为是应该得到的，难以真正起到激励作用。因此，只有把激励性薪酬做到位，才能真正调动骨干员工的工作热情。

3. 薪酬的“四方象限”

很多企业达到一定规模后，就开始实施制度化管理，也包括制度化的薪酬管理，这为留住骨干员工打下了坚实的基础。

随着中国经济一体化的深入发展，以及中国成为 WTO 的一员，经济全球化已经越来越深刻地影响中国的企业，这必将加剧中国企业的人才竞争。因此，作为中国企业经营者，必须打好和实力雄厚的跨国公司的人力资源抢夺战。因为跨国公司不仅给予骨干员工非常给力的薪酬，而且管理较为规范。这给中国企业人力资源管理带来了挑战，也是中国企业人力资源管理值得关注的一个重要问题。

令人欣喜的是，由于中国企业越来越注重通过薪酬管理的手段来留住骨干员工，在很多创业公司中，在公司成立时就非常注重管理的规范化和充分调动员工的积极性，制定了一套较科学完善的薪酬管理制度，很多创业型公司得到了较快的发展，短短时间内，有的创业型公司的业务就增长了300%。这是科学的薪酬制度发挥激励作用的充分体现，反映了企业薪酬激励效力不可低估。

当然，要想使薪酬制度发挥激励功能，企业管理者就必须考虑骨干员工的心理需求。如果以薪酬的刚性即不可变性为横坐标，以薪酬的差异性，即薪酬在不同员工之间的差异程度为纵坐标，可以将薪酬的构成分为基本工资、绩效工资、加班工资和保险福利四类，见图2–3。

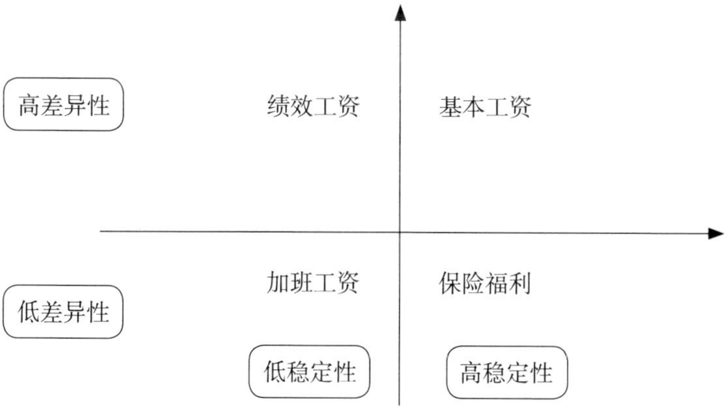

图2–3　薪酬“四方象限”图

从图2–3来看，第二象限的绩效工资激励作用最强，第四象限的激励作用最弱，甚至为零。如果一个骨干员工的工作态度不端正，比较懒散，激励骨干员工时，就可以采用高弹性的薪酬模式，即加大第二象限（浮动工资 / 奖金 / 佣金）的构成比例。

在这里需要注意的是，随着人力市场的日趋完善，骨干员工的流动必然会受薪酬的影响，向着薪酬更高的地区、企业流动。从这个意义上讲，薪酬水平在人才市场上是否具有竞争力是企业能否吸引和留住骨干员工的一个关键因素。

二、建立一套科学合理的薪酬激励机制

薪酬体系设计得科学与否，会对企业骨干员工产生巨大影响，不管是工作积极性、责任心还是岗位意识，薪酬机制一旦设计得不够完善，那么对于企业生存和发展就是不利的，甚至是致命的。

由此可见，建立一套科学合理的薪酬激励机制非常重要，一方面可以发挥薪酬的最佳激励效果，另一方面可以吸引和留住人才，造就一支高效、稳定的员工队伍。因此，企业管理者在设计薪酬时必须遵循“公平与公正”原则，特别是对内公平，不同部门之间或同一个部门不同人之间，薪酬水平必须反映岗位责任和能力的大小[①]，即薪酬差别必须科学、合理。

1. 布朗德战略导向薪酬管理体系模型

设计科学薪酬体系是留住骨干员工不可或缺的一个环节。在设计薪酬体系时，企业管理者必须根据企业的自身情况，科学、客观地考虑各项因素，遵循按劳分配、效率优先、兼顾公平及可持续发展的原则。

---

① 参见王秀玲:《浅论薪酬激励在企业管理中的作用》,《企业研究》2011 年第 8 期。

对于任何一个组织来说，一套科学的薪酬体系设计必须建立在组织战略规划基础之上，其设计用来补充和增强其他人力资源管理系统的积极作用，例如，人员选拔、培训和绩效评价等。因此，企业管理者可从战略层、制度层和技术操作层三个层面来考虑设计科学的薪酬体系，即美国著名战略专家布朗德（Brand）教授提出的以战略为导向的薪酬管理体系模型，如图 2–4 所示。

从图 2–4 可以看出，企业管理者在科学设计薪酬体系时，必须考虑战略层、制度层和技术操作层，见图 2–5。

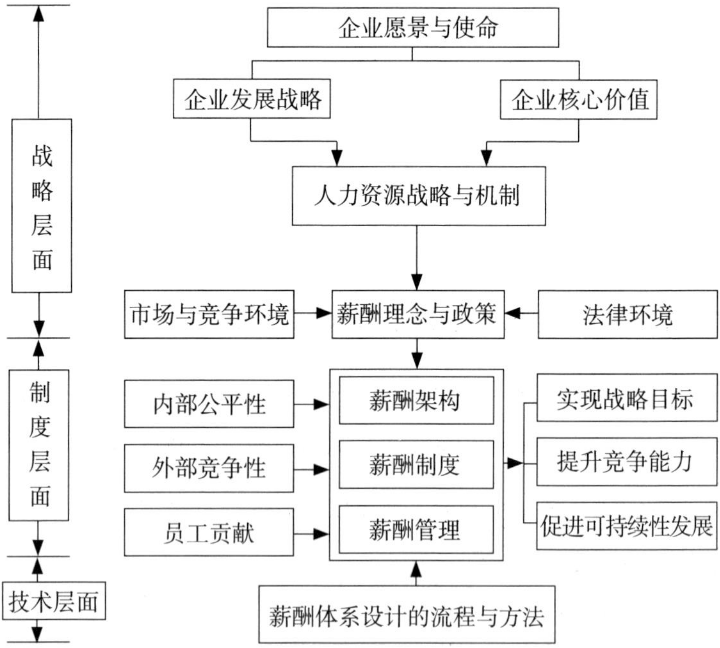

图 2–4　布朗德战略导向薪酬管理体系模型

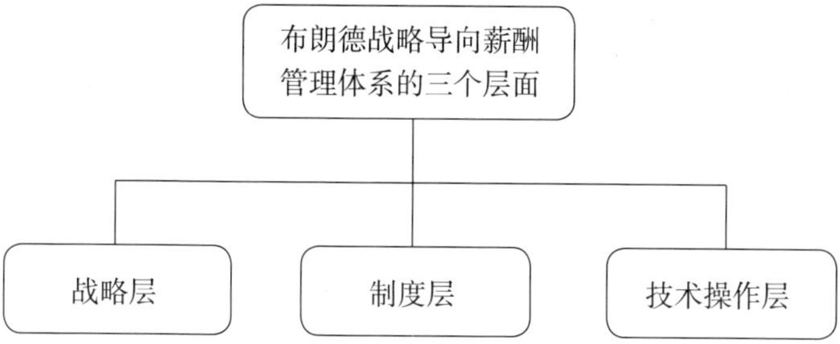

图 2-5　布朗德战略导向薪酬管理体系的三个层面

（1）战略层

在战略层面设计薪酬体系，必须充分考虑发展战略、愿景、使命、核心价值观等因素，明确企业战略发展对骨干员工管理的要求。在此基础上分析当前市场竞争环境和法律环境，制定骨干员工管理的战略、规划和薪酬策略。

（2）制度层

一般来说，制度层薪酬体系设计体现其制度性，即在一定的薪酬原则（内部公平性、外部竞争性、员工贡献）的指导下制定和设计企业薪酬架构、薪酬制度和薪酬管理的系统。

（3）技术操作层

企业管理者在制定和设计薪酬体系和管理体系时所运用的技术和操作方法，如岗位评估、能力评估、市场调查、问卷调查等。

2. 薪酬体系设计的程序

薪酬体系设计是一个非常庞大的工程，必须依靠企业全体人员参与，同时必须与其他人力资源管理部分紧密结合，绝不能闭门造车。仅仅靠文字堆砌而成的方案是绝对不允许的，也是缺乏实战依据的。因此，只有构建一个缜密的薪酬体系设计程序，才能保证薪酬体系设计的合理。通常，薪酬体系设计的程序有如下几个，见图 2–6。

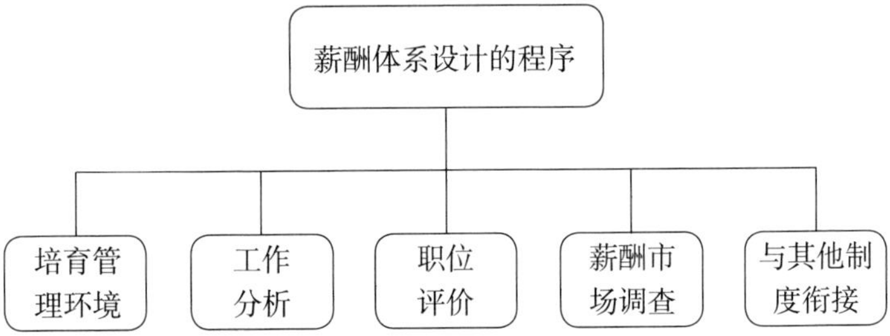

图 2–6　薪酬体系设计的程序

将图 2–6 继续细分如下：

（1）培育管理环境

管理者在薪酬体系设计中不能凭自己的经验闭门造车。不能凭借参加几次商学院总裁班培训学的一点儿知识，更不能把薪酬体系设计完全交给咨询公司，而是给企业提供一个良好的管理环境。通常称为“三好”——与上层沟通好，获得支持；与中层沟通好，获得配合；与员工沟通好，获得认同。

（2）工作分析

做好工作分析是保证企业里所有工作都能合理分配到合适的骨干员工身上，为随后的岗位评价打下基础。一般来说，工作分析活动由人力资源部、骨干员工及其部门经理共同完成。其方法涵盖访谈法、问卷法、观察法和现场工作日记 / 日志法。

（3）职位评价

职位评价是管理者厘清薪酬体系设计的一个重要部分，通常对企业中所有职位的相对价值进行有效排序，主要方法有排序法、分类法、要素比较法和要素点值法。

（4）薪酬市场调查

薪酬体系设计需要结合企业的实际情况，包括企业规模、盈利情况、员工层次等，同时还必须做薪酬市场调查，还可以向市场调查企业购买市场薪酬调查研究报告作为参考。

（5）与其他制度衔接

骨干员工管理体系不是孤立的，而是相互联系，相互影响的。例如，当骨干员工引进后，其具体薪酬受到绩效考核结果的影响，绩效考核结果又影响到骨干员工的培训、晋升等，进而影响到骨干员工的薪酬。

3. 薪酬体系设计的原则

薪酬是骨干员工管理的核心内容，有效的薪酬管理对于一个企业来说，有利的影响非常多，见图 2–7。

如图 2–7 所示，有效的薪酬管理能够有效提高员工的工作积极性和满意度，能够强化企业的核心价值观和组织文化，能够留住企业的骨干员工以及吸引骨干员工的加盟等。[①] 因此，管理者在薪酬设计时应当遵循如下原则，见图 2–8。

---

① 参见李新建：《企业薪酬管理概论》，中国人民大学出版社 2006 年版，第 55—56 页。

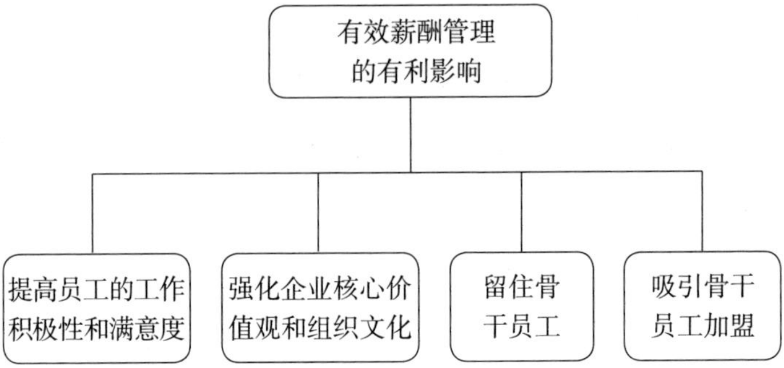

图 2–7　有效薪酬管理的有利影响

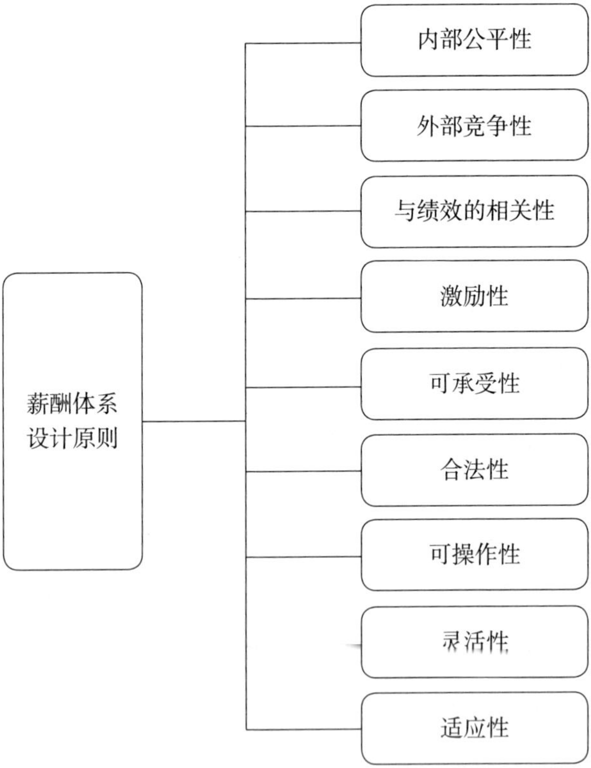

图 2–8　薪酬体系设计的原则

将图 2-8 继续细分如下：

（1）内部公平性

按照骨干员工的工作能力、工作性质，薪酬体系设计必须考虑薪酬体系的内部公平性。

（2）外部竞争性

薪酬管理设计体系必须考虑薪酬体系的外部竞争性，以此来保持企业在行业中薪资福利的竞争性，从而能够吸引优秀的人才加盟。

（3）与绩效的相关性

薪酬体系设计必须考虑企业、团队和个人的绩效完成状况，把绩效考评结果作为薪酬体系的依据，保证骨干员工的公平性。

（4）激励性

薪酬体系设计必须以增强薪酬的激励性为导向，通过动态工资和奖金等激励性工资单元的设计，激发骨干员工的工作积极性。

（5）可承受性

薪酬管理设计体系必须考虑薪酬体系的可承受性，即管理者确定的薪资水平要与企业的经济效益和承受能力保持一致。

（6）合法性

薪酬管理设计体系必须考虑薪酬体系的合法性，即薪酬体系的设计必须在国家和地区相关劳动法律法规允许的范围内进行。

（7）可操作性

薪酬管理设计体系必须考虑可操作性，即薪酬体系设计时应尽可能地浅显易懂，使得每个骨干员工都能理解薪酬体系设计的初衷，按照企业的薪酬体系激发工作激情，达成更好的工作效果。

（8）灵活性

薪酬管理设计体系必须考虑企业在不同的发展阶段有所不同，与时俱进地调整薪酬管理体系，适应环境的变化和企业发展的要求。

（9）适应性

薪酬管理设计体系必须考虑企业自身的业务特点、性质、所处区域、行业等诸多因素，同时能够满足这些因素的要求。

4. 影响薪酬体系设计的内外部因素

薪酬设计必须考虑内外部两个因素，否则就如一些员工感慨的——“薪酬，心愁，白了少年头”。这样的感慨说明，该企业的薪酬设计肯定是不合理的，否则也不会因此而发出如此感慨。这与目前中国企业管理者的薪酬管理有关。据《中国经营报》结合北京外企太和企业管理顾问有限公司的薪酬调查结果显示，目前企业薪酬管理存在 7 个问题，见

表 2–2。

表 2–2　企业薪酬管理存在的 7 个问题

序号	具体内容
1	薪酬不公引起人员流失
2	高薪挖人——给自己戴手铐
3	薪酬遭遇“天花板”
4	薪酬——管理成本，管理工具?
5	薪酬保密——企业不可触犯的“天条”?
6	金手铐失效股权、期权制需要重新检讨?
7	高管薪酬有问题

从表 2–2 可以看出，企业管理者由于本身没有考虑到内外部两大因素，导致薪酬没有做到公平原则。北京外企太和企业管理顾问有限公司高级顾问贾怡坦言：“员工因为薪酬问题而离职不外乎就是觉得薪酬不公平。”

在贾怡看来，企业薪酬制度的制定必须遵循两个原则——“对外有竞争，对内要公平”。随着骨干员工自身素质的不断提高，以及骨干员工就职形势的日趋变化，单一的薪酬体系所占的比重正在逐渐降低，并有数据表明，薪金待遇在所产生的绩效中所占的比重已不足 50%。

鉴于此，薪酬的确定必须考虑到诸多因素，从大的方面讲包括外部因素和内部因素。

第一，外部因素。

一般来说，薪酬的外部因素包括国家的政策和法律、全社会的劳动生产率、居民生活费用、人力市场供求情况等。

（1）国家的政策和相关的法律法规

在不同时期，国家的经济政策也会有所不同。有时国家为了刺激消费，有时为了抑制通货膨胀，采取的政策不同，就会影响骨干员工的工资总体水平。为了保证员工的合理所得，许多国家制定了最低工资标准，从法律层面保障了员工的所得。

设计薪酬体系必须考虑与薪酬相关的法律法规。例如，员工的最低工资制度、个人所得税征收制度，以及强制性劳动保险种类及交缴费用的水平等法律法规，都会直接影响员工的薪酬水平。此外，有的国家还规定了同工同酬等。

（2）全社会的劳动生产率

国民收入分配无疑受到全社会劳动生产率的制约。改革开放初期，中国企业员工的平均工资水平低，是因为劳动生产率比发达国家低，而且工资收入比与劳动生产率比大致相当。

（3）地区与行业的差异

一般来说，经济发达地区的薪酬水平通常比经济落后地区要高很多。处于成长期和成熟期企业的薪酬水平通常又比衰退期企业高很多。

（4）地区生活指数

在制定薪酬制度时，必须考虑地区生活指数，即企业经营者在确定员工的基本薪酬时，必须参照当地的生活指数。

一般来说，生活指数高的地区，其薪酬水平往往相对也较高。所谓生活指数，是指员工的正常收入至少支付家庭的基本生活费用，而这个费用又与居民消费习惯相关联。

（5）劳动力市场的供求关系

劳动力价格（工资）往往受供求关系的影响，当劳动力的供求关系失衡时，劳动力价格也会偏离其本身的价值。简单地讲，当劳动力供大于求时，员工求职相对困难，其接受的薪酬水平往往较低。例如，2008 年国际金融危机后，由于美国的经济不景气，很多企业纷纷雇用临时工，以免支付各种福利保险开支。

当劳动力供不应求时，企业为了吸引骨干员工，不得不竞相提高薪酬待遇。人力市场供求情况与职业需求弹性、劳动力可替代性有关。某些职业社会需求的弹性较大，如裁缝、修理工、快餐业等，一旦薪资过高，无疑会增加成本，所提供服务的价格就相应提高，顾客就无法接受，顾客就会转向买成衣、买新的电视机、手表或自己动手做饭。

（6）社会经济环境

社会经济环境直接影响着员工的薪酬水平。当社会经济处于高速发展时，通常员工的薪酬水平相对也较高，反之亦然。

（7）劳动力价格水平

一般来说，劳动力价格水平越高的地区，薪酬水平也就越高，而劳动力价格水平低的地区，薪酬水平也就较低。

第二，内部因素。

影响薪酬的内部因素，包括企业自身的支付能力、骨干员工付出的劳动、职务高低、工作的危险性等。

（1）企业自身的支付能力

一般地，对于一个员工来说，其收入水平的第一制约因素就是企业自身的支付能力。所谓企业自身的支付能力，是指企业所能负担的劳务费用的限度，主要有两个方面：一方面取决于企业自身的营业收入，另一方面还必须考虑其必要的资本费用、购买原材料等方面的费用及为保持竞争力而必要的投资，即企业经营状况越好，员工增加收入的概率也就越大。

（2）骨干员工付出的劳动

骨干员工付出的劳动无疑会影响他们的薪酬，主要包含两个方面：其一，骨干员工只有为企业劳动，才可能得到工资性的收入；其二，骨干员工劳动能力的不同，其薪酬自然也就不同。

（3）职务高低

骨干员工的职务，既包含着权力，同时也负有相应的责任。权力是骨干员工以承担相应的责任为基础的。一般地，职务高的骨干员工权力大，其责任也相对较重，其薪酬自然就较高。

（4）企业文化

管理层对核心员工利益的关注程度直接影响劳动报酬状

况。在有些公司中，收入相对平均，而另外一些公司收入差距较大。有些企业工资水平不高，但福利不错；反之，有些公司倾向于增加核心员工个人收入而几乎不搞福利等。

（5）工作的危险性

有些工作具有一定的危险性，甚至会妨害人体健康，危及骨干员工的生命；还有一些工作环境不是太好，如具有令骨干员工难以忍受的气味、温度、光线或气压、水压等。因而从事这类工作的骨干员工需要很强的胆识、体力和耐力，其薪酬无疑高于在舒适安全的工作环境中工作的骨干员工。

（6）骨干员工的技术与训练成本

较高的报酬，不仅包括狭义的报酬，还包括如补偿骨干员工在学习技术时所耗费的时间、体能，以及因学习而减少收入所造成的机会成本，即促使核心员工不断学习新技术，提高劳动生产率。

三、建立高效完善的薪酬管理制度

建立高效的薪酬管理制度只是激励员工的一个方面，因为激励骨干员工不仅仅是薪酬激励，还隐含着成就激励、地位激励等。因此，建立高效的薪酬管理激励能够从多角度激发骨干员工强烈的工作欲望，既有利于企业的发展，又能保证骨干员工从薪酬中获得经济上、心理上的满足，更有利于提高骨干员工的工作积极性。

1. 常见的错误薪酬管理体系

很多企业经营者在制定薪酬管理制度时，往往是以自己的主观意志来决定，从来不考虑制定薪酬管理制度的作用。

企业经营者应该知道，制定薪酬管理制度的最终目的就是最大限度地调动员工的工作积极性和创造性。然而，遗憾的是，很多企业管理者缺乏高效的薪酬管理体系，经常把错误的薪酬管理体系应用于骨干员工激励中，见图 2–9。

据图 2–9 所示：

第一，确定的薪酬水平不合理，大大低于当地市场，这也是薪酬管理制度中普遍存在的典型问题。在这样的薪酬管理下，其薪酬管理可以说是毫无市场竞争力可言，吸引和留住骨

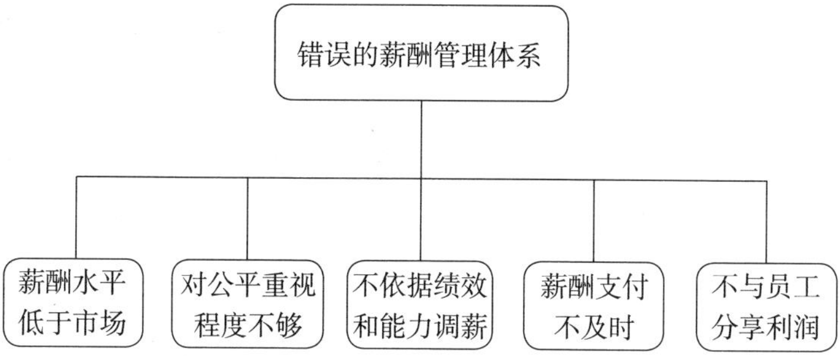

图 2-9　常见的错误薪酬管理体系

干员工更是痴人说梦。不信，我们从一个真实的案例谈起。

年初，在《中国家族企业如何做到百年》培训课后，A公司老板谢坤元跟我说："周老师，听了您的课，对我帮助很大。我公司目前有些困难，能否带上您的团队给我公司做做咨询？"

在谢坤元的邀请下，我们团队进入该公司。据谢坤元介绍，该公司是由三家企业合并成的中型汽车配件企业。在合并后尽管发展速度还算正常，但是由于领导层重视生产，轻视管理，导致该公司各项管理基础十分薄弱，各项规章制度也不够健全，更谈不上完善。特别是在人力资源管理方面，绝大部分员工对薪资制度抱怨连连，严重影响了该公司正常的生产经营活动。

在员工工作激情不高的情况下，该公司董事会讨论后决定，对该公司的员工薪资制度进行一次全面调整。

一线员工实行的是技术等级工资制，即通过计时工资加上奖金（按月支付）的计酬方式，而管理者采用职务等级工资制，按照职务的高低支付岗位工资。每个季度按照对各个部门的绩效考评结果，支付一定数额的季度奖，其奖金水平不得超过一线员工奖金水平的30%。

我们团队进入该公司后，以“与同类企业相比，自己薪资水平满意度”“我的薪资反映我的工作特点”“我的薪资反映我的工作业绩”“我的薪资反映我的工作能力”为调查提纲进行访问，发现该公司一线员工、中级管理人员、高级管理人员的薪资满意度调查结果有三种情况：第一,一线员工对薪资的满意度较低；第二，中级管理人员对薪资的满意度也不高；第三，高级管理人员对薪资同样不满意。

经过分析发现，该公司的薪酬制度存在以下几个问题：

（1）与其他公司相比，该公司一线员工、中级管理人员、高级管理人员都一致认为，他们的薪资水平低于市场平均水平。

（2）对于一线员工来说，该公司由于自身的管理基础较为薄弱，技术等级工资制加上奖金的薪酬制度仅仅能体现员工的技能和绩效的不同，不能体现各种不同岗位的贡献差别。

（3）对于中级管理人员来说，该公司采用职务等级工资制，以及力度不大的季度奖金制，导致中级管理人员的付出无法按照实际贡献体现在薪资制度上，因此也抱怨不断。

（4）对于高级管理人员来说，除了对“我的薪资反映了我的岗位特点”外，高级管理人员对其他方面都较为不满意。这就意味着该公司现行的工资制度不能够最大限度地调动其工作积极性。

针对上述问题，我们团队提出以下建议：

（1）通过调研，掌握同行业、同类岗位中三类人员的薪资水平，然后再根据外部的薪资情况，对该公司的薪资水平进行有针对性的调整，制定一个接近或达到市场同类企业薪资水平的薪酬体系。

（2）强化人力资源管理的基础工作，对该公司的各类工作岗位进行系统分析和评价，为制定一个合理、科学的薪资制度提供有价值的依据。

（3）完善该公司各类人员的绩效考评体系，确保薪酬管理体系公平、公正。

（4）由于该公司是一个制造加工型企业，在提高生产效率的同时，还必须保证产品的良品率。一线员工适合以岗位工资和技能为基础，加上其他的组合型薪资制度。

（5）该公司在进行岗位分析评价和完善绩效考评制度

基础上，调整中级管理人员现行职能工资制度，实行一个较为宽泛的薪资管理结构，有效地体现中级管理人员的工作特点。

（6）对公司的高级管理人员来说，建议实行年薪制或股票期权、股票增值权、虚拟股票等长期激励的薪酬制度。

第二，对公平性重视程度不够。在薪酬管理中，公平原则是最重要和最基本的原则，但是由于部分企业管理者对薪酬管理的公平性重视不够，导致骨干员工流失率偏高，骨干员工工作积极性和满意度低下。

第三，不依据绩效和能力调薪。有些企业管理者盲目调薪，从不依据绩效和能力调薪。

第四，薪酬支付不及时。薪酬支付是薪酬管理制度的一个重要环节，一些企业故意拖欠或者不及时支付薪酬，导致骨干员工产生不满情绪。

第五，不与员工分享利润。与骨干员工进行利润分享是有效留住骨干员工的一个重要手段，因为企业的盈利离不开骨干员工的贡献。

作为管理者，必须规避以上几个错误的薪酬管理做法。因此，管理者实施科学合理的薪酬管理，不仅能有效激发骨干员工的工作积极性，还能在竞争日益激烈的人才市场吸引到优秀的骨干员工。

2. 适时调整薪酬激励机制

当前，薪酬已不再是激励骨干员工最主要的因素，但骨干员工仍希望能够得到与其业绩相符的薪酬，因为这也是衡量自我价值的尺度之一。

这样的变化能促使企业管理者尊重骨干员工的需求进行适时调整，以此来构建科学合理的薪酬激励机制，以求能够吸引和留住骨干员工，造就一支高效、稳定的骨干员工队伍。

然而，一些企业管理者却不重视，结果导致大量的人才流失。在这里，我们就以一个真实的案例剖析。

大旗物业经营管理公司是北京某房地产集团下属的一个全资子公司，成立初期，该公司非常注重管理的规范化。

为了能够充分激发员工的工作积极性，公司特地制定了一套在当时较为科学、完善的薪酬管理制度。因此，大旗物业经营管理公司得到了较快的发展——在不到 10 年的时间内，公司的业务增长了 1100%。

随着业务的增加和规模的扩大，员工也增加了不少，人数从成立初期的 10 多人达到了目前的 1120 人。

随着公司的发展与壮大，企业管理者却仍然按照当初的薪酬制度在执行，即薪酬管理制度没有随着公司的发展和人才市场的变化而做出适时调整，继续沿用以前的薪酬管理制度。

一方面是薪资水平的快速上涨，另一方面却是管理者无动于衷。原以为公司发展已有了一定规模，其经营业绩理应超过以前，让管理者吃惊的是，大旗物业经营管理公司的经营业绩不断滑坡，客户的投诉也在不断增加，曾经奋力工作的员工们也失去了往日的热情，甚至出现了部分技术、管理骨干离职，不少员工也有辞职的打算。

这其中，当工程部经理刘海得知自己的收入比后勤部经理刘山的收入少很多时，不公平感由此而生。

在刘海看来，工程部经理这一岗位相对后勤部经理来说，不仅工作难度更大，而且责任更重。因此他认为，作为工程部经理，应该比后勤部经理得到更多的薪酬。如今，刘海发现自己的收入竟比刘山少后，以前工作的那种干劲便没有了。过了一段时间，刘海辞职了，加盟了一家物业公司，薪酬是曾经的 5 倍。

刘海加盟新单位得到 5 倍薪酬后，员工辞职的更多了，没有离开的员工也没有什么工作热情。在这样的态势下，员工流失，工作缺乏积极性，直接导致大旗物业经营管理公司的经营一度出现困难。

遭遇经营困难，公司管理者才意识到问题的严重性。经过对内部管理的深入了解和诊断，管理者发现，问题出在薪酬上，而且关键的技术骨干力量的薪酬水平较市场明显偏低，对外缺乏竞争力；薪酬结构也不尽合理，对内缺乏公平，从而导致技术骨干和部分中层管理人员流失。

针对这一具体问题，公司管理者就薪酬水平进行了市场调查和分析，并对公司原有薪酬制度进行调整，制定了新的与企业战略和组织架构相匹配的薪资方案，激发了员工的积极性和创造性，大旗物业经营管理公司的发展又开始恢复良好的势头。

在上述案例中，大旗物业经营管理公司工程部经理刘海的辞职，是因为岗位的薪酬不合理，没有较好地反映企业内部岗位间的相对价值。

工程部经理这一岗位相对后勤部经理，工作难度更大，责任也更重，自然在薪酬上应有所区别，然而，大旗物业却没有，这就造成了工程部经理的工作没有以前那种干劲，后来辞职而去的严重后果。

在骨干员工管理中，科学的薪酬管理体系，是提高他们工作积极性的一个较为有效的激励手段。这就要求在强化企业薪酬对内公平的同时，应遵循“公平与公正”原则。因此，企业管理者只有站在经营管理的高度，系统性地认识薪酬体系的定位、管理对象、实施手段，才能全面把握薪酬管理体系在激励管理中的作用。

第三道防线

肯定和认同员工的劳动成果

在极度“严寒”的2019年底，当众多中国企业面临着生死考验的时候，华为的销售额却一枝独秀地高速增长。

2019年12月31日，华为轮值董事长徐直军发表新年致辞说道：“2019年，对华为来说是极其不平凡的一年，在美国政府的打压之下，全体华为人迎难而上，共克时艰，聚焦为客户创造价值，预计全年实现销售收入超过8500亿人民币，同比增长18%左右。尽管没有达到年初预期，但公司整体经营稳健，基本经受住了考验。”

为什么华为的业绩如此坚挺呢？前一段时间，我问华为中层的一个部门经理，是极高的薪酬把很多优秀的员工留在华为吗？他的回答让我意外，他说：“不是极高的薪酬，而是华为对每一个骨干员工充分肯定和认同，因为高薪水留不住骨干员工的心。”

经过我多年的研究发现，华为的高速增长不是一个简单的个案。在西方管理学盛行的年代，大多数中国企业经营者只知道用较高的薪酬来提升企业的竞争优势，却忽视了对员工充分尊重和认同的巨大商业价值。

一、在更高的需求层次上尽可能满足员工

心理学研究表明，需要引起动机，动机导致行为，因此，要留住骨干员工有必要研究其需求。单单的薪酬已经不能留住骨干员工了，必须在更高的需求层次上尽可能满足，这样才能留住他们。

1. 公司的认可度比薪酬福利待遇更重要

受K公司老板林俊的邀请，我到K公司讲授《传统企业到底该如何转型》。当我被林俊的秘书领进董事长办公室时，看到林俊正在批评市场部经理徐海。林俊拍着桌子咆哮道："要人给你人，要钱给你钱。你说员工需要激励，我就给员工发奖金、买奖品。你说员工累了，我就让他们带薪休假、组织他们出去旅游，但怎么业绩还没上去？"

林俊的苦恼并非个案，这一幕在很多销售型的公司都出现过。我们来看一个真实的案例。

费特曼公司是贵阳市南明区一家日化产品生产企业。近几年来，费特曼公司处于高速发展阶段，销售量更是像芝麻开花一样逐年攀升。

尽管费特曼公司的发展较为顺利，但是费特曼公司的做法却让人看不懂：每到销售旺季，费特曼公司就会高薪招聘上百名销售人员。一到了销售淡季，费特曼公司就开始大量裁减销售人员，甚至辞退八九十名销售员。

针对费特曼公司总经理罗浩明这样的做法，销售经理陈大勇曾给罗浩明阐明这样做的严重后果。

陈大勇没有想到的是，罗浩明不仅没有接受他的意见，反而得意扬扬地说："在省会不缺人，只是缺乏像你这样的将才，贵阳这个地方有的是人，只要我们高薪招聘，还怕招不到我们想要的人吗？再说了，一年四季把他们'养'起来，这样做人力成本太高了，我们也得考虑考虑用人成本。"

罗浩明旺季高薪招人，淡季辞退的做法不可避免地流失了大量骨干员工。正如陈大勇所说，我们公司就是黄埔军校，给竞争对手培养了大量骨干员工。

无法说服罗浩明，陈大勇非常困惑，因为在罗浩明无故辞退销售员时，一些留下来的销售骨干也渐渐地离职。罗浩明对销售骨干极力挽留，甚至提高薪酬的20%，结果却没有将人留住。

面对大量优秀销售骨干的流失，罗浩明不以为意，依然我行我素，仍照惯例在旺季时高薪招聘销售员。罗浩明的固执己见，更加激化了他与陈大勇之间的矛盾。

在某年费特曼公司销售旺季时，跟随罗浩明多年的陈大勇和一部分销售骨干集体辞职，导致费特曼公司的销售一时陷入近乎瘫痪的地步。

此刻，罗浩明才意识到问题非常严重，甚至比他预想的还要严重得多。罗浩明心里非常清楚，高薪可以招到一般的销售人员，但不一定招到像陈大勇那样的优秀销售人才和管理人才。

迫不得已，罗浩明亲自到陈大勇家中，态度非常诚恳地请陈大勇和一些销售骨干重回费特曼公司，还开出150万元的年薪——150万元的年薪在当时的贵阳算得上是销售经理做梦也梦不到的。让罗浩明没想到的是，150万元的年薪依然没能召回这批曾经与他多年浴血奋战的老部下。

罗浩明非常后悔，为什么以前没有下功夫去留住这些人才呢？同时，罗浩明也陷入了困惑，150万元的年薪，他们为什么依然拒绝？到底靠什么留住人才呢？

不可否认的是，在骨干员工管理过程中，薪酬问题肯定是骨干员工最为敏感、关心的问题之一，但绝对不是最关键的问题。在上述案例中，罗浩明失败的做法正好说明了这个问题。

在给企业做内训时，我发现，一些管理者在留住骨干员工的过程中，都将薪资列为留住骨干员工的关键措施，效果却很差。因此，管理者在骨干员工管理中，更应考虑薪酬管理的特殊性。

在研究世界500强企业管理时我们发现，中国企业往往留不住骨干员工的一个重要原因竟然是员工得不到管理者的肯定、认同，导致骨干员工的忠诚度下降，使得岗位活不起来。当我们把这个结果告知管理者后，很多管理者都非常不解。得不到管理者的肯定、认同竟然会影响骨干员工的忠诚度，导致骨干员工离开，这实在是不可思议。

诚然，骨干员工流失的因素有很多，但员工得不到管理者的肯定、认同确实在很大程度上影响了骨干员工的流失。对于任何一个骨干员工而言，所有岗位上的员工都希望自己的管理者，哪怕是直属管理者肯定、认同自己。但是我在给国内多家企业做内训时发现，骨干员工得到管理者肯定、认同的概率是很小的。这无疑增加了骨干员工流失的概率。

其实，公司的认可度比薪酬福利待遇更重要。那么骨干员工为什么需要肯定、认同呢？因为尊重是肯定、认同的前提，每位骨干员工都有强烈的自我意识和独立意识，自尊心和自主要求都很强，希望别人尤其是管理者能尊重自己的劳动和人格。

2. 骨干员工的三个需要

得不到管理者的赏识竟然会影响骨干员工的积极性，站在骨干员工的角度，就很容易理解。对于任何员工而言，都希望自己的最高管理者，哪怕是直属管理者赏识自己。遗憾的是，他们的想法总是如同空中楼阁一样难以实现。

笔者在给国内多家企业做内训时印证了这样的现实。我们在给多家企业培训时，通过各种渠道了解到，一线员工得到管理者赏识的机会非常渺茫，甚至是不可能的。

这样的境遇说明中国企业员工得到管理者的赏识的确是一件非常不容易的事情，主要原因有：第一，源于中国自身的国情因素，中国威权管理一直延续了几千年。第二，源于中国传统的管理文化。中国管理者一般都不喜欢当面表扬自己的部属，哪怕是战功赫赫，也只是稍稍提一下，然后是继续努力之类的话语。第三，自身管理的局限。作为管理者，很难把赏识平分给他的每一位属下。

上述三点是员工得不到管理者赏识的根源，然而，当一线员工真正做出业绩时，有目共睹的业绩摆在管理者面前，管理者不可能无视员工所作的贡献。2017 年 9 月，华为创始人任正非呼唤他的“加西亚员工”归来，就印证了作为一个管理者赏识员工的重要性。

在华为内部论坛上，一篇为名为《寻找加西亚》的帖子流传开来，其内容是：“加西亚，你回来吧！孔令贤，我们期待你！2014 年孔令贤被破格提拔 3 级后，你有了令人窒息的压力，带着诚意离开了华为。周公恐惧流言日，更何况我们不是周公。是公司错了，不是你的问题。回来吧，我们的英雄。”

此帖子虽为转发，却是以任正非的名义转发的，这不仅传达了华为公司对孔令贤或者孔令贤这类人才的愧疚，同时也表达了对此类人才的爱惜。

作为华为创始人，任正非对于一个有才能的普通员工公开体恤、关怀和道歉，并生动地表明了华为的诚意，这绝非一般管理者能够做到的，甚至有员工评论道：“看完任总的这段肺腑之言，我竟然感动得哭了。”

任正非此举足以说明自己求贤若渴的态度。而即刻以孔令贤为例付诸实践，同时用实际行动证明了华为尊重人才和唯才是举的事实，这是华为的生存哲学和永久的企业文化。

基于此，管理者赏识员工的工作才能，是激发岗位活力的关键要素，是员工发挥个人潜能、施展抱负、展示自己能力的一个渠道，是员工从优秀到卓越的重要裂变动力，是一种精神激励方法，更是可以激发员工工作热情的催化剂。

这就是员工为什么需要被赏识的一个重要原因。在员工看来，被管理者赏识，是获得了管理者的认可，也是被尊重的具体表现。尤其是当下的中国企业员工，他们出生在国家和平时代，物资较为丰富，拥有强烈的自我意识和独立意识，自尊心和自主要求都非常强，希望他人尤其是管理者尊重自己的劳动和人格。

一般来说，人的需求是由低层次需求向高层次需求跃迁，并渴望得到满足。马斯洛理论由此把需求分为：生理需求、安全需求、社交需求、尊重需求和自我实现需求五个层次，其依次由较低层次到较高层次排列，见图 3–1。

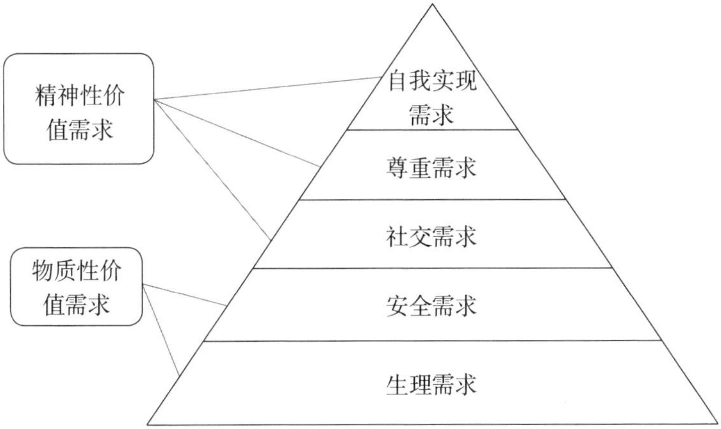

图 3–1　马斯洛激励理论的金字塔结构需求

从图 3–1 可以看出，骨干员工大多不再需要安全需求和生理需求了，期望得到更高层次的需求满足——社交需求、尊重需求和自我实现需求。其需求一旦得到满足，骨干员工的内部动力就会得到最大限度的外释，从而上升到更高层次的追求，促进各项工作的开展。相反，骨干员工的社交需求、尊重需求和自我实现需求一旦得不到满足，无疑会造成情绪低落，甚至产生逆反心理，其表现方式是隐性或半隐性的，加剧了骨干员工流失的概率。

从马斯洛需求层次理论可以看出，肯定、认同骨干员工，不仅是一种激励手段，更多的是管理艺术。从马斯洛需要层次理论可以发现，满足骨干员工高层次需要是留住骨干员工的关键所在，主要有以下三个，见表 3–1。

表 3–1　骨干员工的三个需要

序号	需求	具体内容
1	求知需要	骨干员工的能力、创造力源于对最新知识的掌握。一旦有学习培训的机会，其需求是非常强烈的，因为得到培训机会就可以扩充、更新自己的知识，提高创造能力
2	尊重需要	骨干员工大多数具有较强的自主性，期望得到管理者的认同和肯定。一旦得到管理者的认同和肯定，满足心理上的尊重需求，即使报酬与其付出的劳动不相符，骨干员工也会全力以赴地工作
3	自我实现需要	很多骨干员工学历较高，甚至接受过高等教育。这部分骨干员工工作不仅为了得到高额的薪水，更倾向于发挥其潜能，实现自我价值

在自我实现需求之后，还有自我超越需求，但通常不作为马斯洛需求层次理论中必要的层次，大多数会将自我超越需求合并至自我实现需求当中。

3. 被肯定是人类的一种高级需求

赏识本身就是一种激励手段，这就要求管理者在实施赏识管理时善于发现员工的“闪光点”，哪怕是一小点的光亮，也要用放大镜来看。对此，美国“心理学之父”威廉·詹姆斯

（William James）曾说道："人类本质中最殷切的要求是渴望被肯定。"

在威廉·詹姆斯看来，被肯定是人类的一种高级需求，而管理者赏识员工，正是员工被肯定的具体表现。

基于此，管理者必须充分地认识员工渴望被尊重的内在积极因素。管理者把员工被赏识这一心理特征看成自命不凡和虚荣心的表现时，一旦员工稍有差错，管理者便不分场合地乱加训斥，以显示自己的权威，甚至揭短打压、冷嘲热讽，迫使员工屈从，其结果只能导致岗位活力下降。

如果管理者与员工对立的时间过长，那么管理者就可能四面树敌，员工在完成工作任务时就会松懈，岗位效率也就大大地降低。在这里，我们来分享一个真实的企业案例，读者读后就会明白赏识在企业管理中的重要性。

某天晚上，日本索尼公司创始人、董事长盛田昭夫，按照惯例走进索尼餐厅，与索尼的员工一起就餐、聊天。

这是盛田昭夫多年来一直保持的习惯。当然，盛田昭夫之所以这样做，其目的是更好地培养索尼员工的合作意识，以及员工与老板良好的沟通关系。

像往常一样，前来就餐的盛田昭夫扫视四周，却发现在餐厅的一角坐着一位愤愤不平的年轻员工。该员工看上去郁郁寡欢，满腹心事，只顾在那里闷头吃饭，见谁都爱搭不理。

看到此种情况，盛田昭夫再也坐不住了，主动坐到这名员工对面与他攀谈。在盛田昭夫的关怀下，这个员工终于向盛田昭夫讲述了自己的遭遇：“我毕业于东京大学，当时有好几个商社邀请我加盟，都给我一份待遇十分优渥的工作。在加盟索尼之前，我对索尼公司非常崇拜，甚至有些发狂。当时，我认为加盟索尼是我此生最佳的选择。不过，此刻我才发现，索尼并非我想象得那么完美，我不是在为索尼工作，仅仅是为了给课长干活。坦率地说，我们部门的课长是个专横、无能的家伙，更可悲的是，我的所有研发计划和建议都得课长批准。我工作之余研发一些小发明，或者改进一些工作流程，课长不仅不支持我，还打击我的研发积极性。对我而言，这名课长就是索尼。我为此十分沮丧，心灰意冷。我为什么居然放弃了那些待遇十分优渥的工作来到这种鬼地方？”

该员工的这番话震惊了盛田昭夫。敏锐的盛田昭夫由此断定，类似的问题在索尼内部员工中不在少数。作为企业管理者，应该了解员工的苦恼和他们的想法，不能堵塞员工上进的通路。在这样的背景下，盛田昭夫开启了索尼公司人事管理制度改革的引擎。

之后，索尼公司每周都会按时出版一期内部小报，报上刊登各部门需要的“人才”。索尼内部员工看到这样的“英雄榜”后，可以自由而秘密地应聘，主管他们的课长无权阻止和干涉。

另外，盛田昭夫原则上坚持每隔两年就轮岗调换一次工作，特别是调换那些精力旺盛、干劲十足的员工。盛田昭夫这样做，不是让这部分员工被动地服从，而是主动给这部分员工施展才能的机会。

当索尼公司实行内部招聘制度以后，能力较强的员工大多都能找到自己较为中意的岗位，而且人力资源部门可以发现那些“流出”人才的课长所存在的问题。其后，索尼公司得到了迅猛发展。

索尼公司能取得今天的成就，肯定与盛田昭夫当年赏识下属的管理方法有关。

2017 年 8 月，索尼公司公布了 2017 财年第一季度（2017 年 4 月 1 日至 6 月 30 日）业绩：索尼公司销售收入与上年（2016 年）同比上升 15.2%，为 18581 亿日元（165.90 亿美元）。

财报还显示，营业利润方面，与上年（2016 年）同期相比增长了 180.5%，为 1576 亿日元（14.07 亿美元）。

财报中提及，索尼公司营业利润同比上升的主要原因是，半导体业务及影像产品及解决方案业务的利润改善。具体到索尼公司的各个业务，见表 3-2。

表 3-2 索尼集团各业务门类 2017 财年 Q1 业绩表现

（2017 年 4 月 1 日—2017 年 6 月 30 日） 单位：亿日元

业务部门	销售额	营业利润	备注
移动通信业务	1812	36	营业利润大增 771.3%
游戏及网络服务业务	3481	177	销售额增长 5.4%
影像产品及解决方案业务	1556	232	彻底走出熊本地震阴霾，营业利润增长 209.1%
家庭娱乐及音频业务	2569	226	高附加值产品带动营业利润增长 11.6%
半导体业务	2043	554	销售额大增 41.4%
影视业务	2058	–95	电视节目制作和媒体网络服务销售额大幅增长
音乐业务	1686	250	可视化媒体和平台、录制音乐业务带动营业利润增长 57.6%
金融服务业务	3032	462	索尼人寿销售额增长显著
集团整体业务合计	18581	1576	5000 亿利润目标稳了！

数据来源：搜狐财经。

盛田昭夫给中国企业管理者的启示是，只有积极地赏识员工，员工的工作激情才会提高。正因为如此，赏识下属才显得如此重要，不仅能够提升员工的工作积极性，还能极大地提升岗位的效率。

巴顿将军（George Smith Patton Jr.），被誉为美军的骄傲，但是，这位拥有传奇色彩的将军在成长的道路上经历了无数的艰辛与坎坷。

在幼年时，巴顿患了一种困扰他的疾病——“阅读障碍症”。所谓阅读障碍症，简单地讲，是一种大脑综合处理视觉和听觉信息不能协调而引起的一种阅读和拼写障碍症。因此，巴顿在学习中较为吃力，不得不为此付出比其他孩子多几倍的努力，即便如此，巴顿的成绩依然很糟糕。

这对于年幼的巴顿来讲，不仅需要克服在阅读和拼写上的生理缺陷，还要忍受来自同学的羞辱和嘲笑，甚至有的同学竟然在课堂上模仿巴顿发音不准的朗读，有的同学则在黑板上模仿巴顿不规则的拼写。

同学的做法让巴顿倍感愤怒。但是巴顿的老师却很喜欢巴顿，因为巴顿是一个韧性较强的孩子。每当巴顿能够清楚地读出一个单词或正确地写出一句话时，老师都要在课堂上表扬巴顿、鼓励巴顿。

在老师的支持和表扬中，巴顿变成了一个更加勤奋学习的孩子。“宝剑锋从磨砺出，梅花香自苦寒来”，经过刻苦学习，巴顿终于考上了他梦寐以求的西点军校。

由于患有“阅读障碍症”，巴顿不得不花更多的时间，用了 5 年时间才学完西点军校 4 年的课程，最终从西点军校毕业。

1915年，美国与墨西哥发生冲突，战斗由此打响。这场战争不仅影响了当时的美墨关系，也影响了巴顿的未来。作为美军指挥官的潘兴将军（John Joseph Pershing）善于激励自己的部下，经常夸奖自己的部下。

正是潘兴将军的激励，才使得巴顿在该战争中得到了崛起的机会。当时巴顿只是一名上尉，而且脾气火暴。

尽管如此，潘兴将军总是不断鼓励巴顿。哪怕巴顿只取得一点小小的成绩，潘兴将军也会兴高采烈地说道："好样的，小伙子。"

得到鼓舞的巴顿备受感动，为此，巴顿认为，既然得到将军的肯定，就必须作战勇猛。一次，巴顿奉命向部队驻地附近的农民收购玉米送往司令部。巴顿只带了15名士兵，分乘3辆卡车前去执行任务。

在执行任务途中，巴顿一行人遭遇了50多名匪徒的围攻。面对弱势情形，巴顿临危不惧，沉着指挥，将匪首击毙后，指挥士兵撤退。

在此役中，多数士兵都以为这只是一次小小的遭遇战，并没有什么特别之处。但是，事后查明，巴顿击毙的匪首竟然是赫赫有名的大土匪卡德纳斯。

为此，潘兴将军重奖了巴顿。在潘兴看来，巴顿将是一员虎将，于是决定将巴顿内心那无比强烈的求胜欲望彻底激发出来。

潘兴将军的做法是：第一，通令全军嘉奖巴顿；第二，召集新闻记者，将巴顿的英勇事迹讲述给他们。

就这样，巴顿击毙匪首的事迹刊登在美国各大报纸的头条上，巴顿因此成了美国的英雄，“巴顿神话”第一次在美国传开了。

从小就受尽冷落、歧视，首次享受英雄般礼遇的巴顿此刻百感交集。在荣誉面前，巴顿终于爆发了自己内心狂热的求胜信念。

在其后的战斗中，以及二战时期，巴顿都以勇往直前著称，最终成为美军优秀的将领。

巴顿能成为美国伟大的将军，离不开潘兴将军的赏识。巴顿的成功给中国企业管理者的启示是，在很多时候，赏识是激发员工工作积极性的一个重要手段，同时也是提升岗位效率的重要举措。

对于管理者来说，经常会遇到这样的情形：当下属在工作中取得不错的业绩时，会向你汇报工作成绩。此刻，你的内心也为他感到高兴，但是，为勉励他继续努力，不要骄傲，你却淡淡地说：“成绩只能代表过去，你还要继续努力呀！”

不可否认的是，要求管理者做到赏识员工绝不是一件轻而易举的事情。赏识不同于表扬，表扬仅仅是一种行为，是在一定场合对员工某一成绩的肯定和颂扬，这样的行为并不完全取决于管理者的情感；而赏识不同，赏识是管理者从内心深处对员工某些个性特征的情感体验和倾斜。因此，要求管理者能够赏识员工，必须具备以下四种良好的自身修养：

（1）管理者有较高的战略视野。管理者必须站在较高的战略高度，从企业的整体利益出发，挖掘每个员工的点滴之长。

（2）管理者博学多识。管理者只有做到“博中有专，专博相济”，同时拥有广泛的兴趣爱好与广博的知识领域，才能更多地挖掘员工身上的特长和技能。

（3）管理者换位思考，让赏识管理思维具有广阔性和深刻性。管理者只有善于换位思考，多从员工的角度思考和揣摩，才能发现员工许多潜在的优势和特长。

（4）管理者能够控制自己的情绪。管理者在各种场合，面对各种突发情况，必须能够控制自己的情绪，保持较强的自我控制和自我调节能力。否则，一旦遭遇突发事件，就到处迁怒，言行出格，有意无意打击员工的工作积极性，最终使得岗位效率下滑。

二、肯定和认同骨干员工难在何处

肯定和认同是留住骨干员工的一个手段，然而，很多中国企业老板却不愿意肯定和认同骨干员工的成果，这到底是为什么？

为了揭开这个问题的真相，我利用讲解《中外家族企业成功之道》公开课的机会问询过一些中小企业老板。在课间，一位老板就反对将家庭关怀特质渗入现代企业管理中，他表示："老板与员工只存在雇佣关系，只是老板与员工的关系。"

也许，大家可能认为这个老板只是个案，其实不然。在很多场合，我都强调在企业管理中将家庭关怀特质渗入现代企业管理中，却遭到很多老板的反对，原因就是骨干员工是被自己雇佣的，没必要肯定和认同，否则就会自以为是，难以管理，这样的骨干员工就是想留也留不住。

1. 老板认为员工是被自己雇佣的

作为企业管理者，必须摒弃僵化的骨干员工是被雇佣的思维，主动肯定、认同企业员工，从而培养骨干员工，使他们成为企业不可复制的骨干员工。

在上一节费特曼公司的案例中，骨干员工流失很大就是因为费特曼公司总经理罗浩明认为，骨干员工是老板雇佣的，没有必要肯定和认同，只要高薪就可以，这就是留不住骨干员工的主要原因。这样的僵化思维无疑会影响该公司的激励、内部沟通等机制。摆在罗浩明面前的任务是，树立正确的人力资源观，以及有效的人力资源开发手段、方法和技术。具体方法有以下四种，见图 3–2。

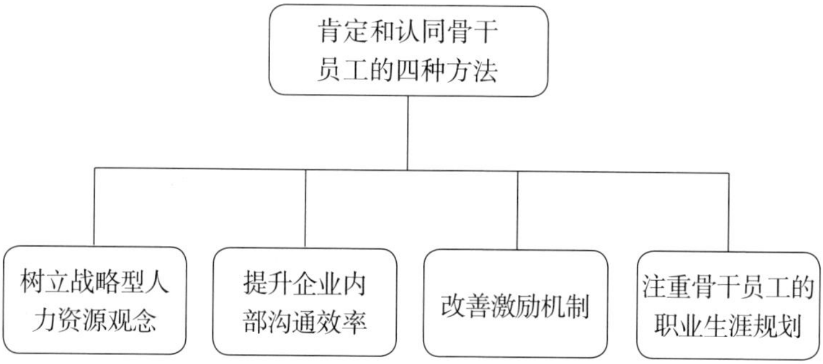

图 3–2　肯定和认同骨干员工的四种方法

（1）树立战略型人力资源观念

管理者要树立战略型人力资源管理观念，加强对人才的开发和管理，重视激励方法的实施。

（2）提升企业内部沟通效率

管理者要提升企业内部沟通的效率，使骨干员工与管理者全面、坦诚地进行双向沟通，从而有效地提升内部沟通的效率。这样就使管理者与骨干员工之间不再只是一种单纯的领导与被领导的关系，而是一种全新的伙伴式关系。

（3）改善激励机制

很多企业激励无效，或者激励没能留住骨干员工，其中一个非常重要的因素就是管理者对人才缺乏有效的激励意识。在很多管理者意识中，激励就是用高薪吸引骨干员工、留住骨干员工。不可否认，高薪的确能吸引一部分骨干员工，但高薪未必就能留住骨干员工，当骨干员工需要实现自我时，只有成就感、认同感才是留住骨干员工的重要因素，但这一点却往往被许多管理者忽视。

（4）注重骨干员工的职业生涯规划

激励不仅体现管理者的智慧，也是一门艺术。在管理的过程中，管理者不仅要充分发挥骨干员工的工作责任心和岗位效率，还要让骨干员工明确各自的奋斗目标。这就要求管理者充分了解骨干员工任务完成情况、能力状况、需求、愿望，在此基础上，为骨干员工提供有利于他们的职业生涯规划，使员工在为公司的发展作贡献的过程中实现个人的目标，让事业来留住骨干员工。

2. 员工缺乏归属感

中国的企业从来不缺少人才，缺少的是与企业价值观相同的骨干员工。特别是近几年跨国公司进驻中国，中国企业骨干员工也大量流失，这是一个非常严重的难题。

为什么会出现骨干员工流失这样严峻的问题呢？一个最

重要的因素就是，谁给工资高、谁给好处多就跟谁。在这样的实际问题下，很多企业老板只得培养自己的直系亲属，在一定程度上造成了骨干员工更难获得老板的尊重和认可。很多老板就认为：“我出钱、出力培养你，把你培养成为一个工作技能不错的好手时，你却跑到竞争对手那里去了，我这不是给自己挖坑吗？”

针对此问题，我访问了上百名江浙闽粤等省的企业老板，他们中持这种观点的人占近六成。面对这样的局势，如何改变目前的状况呢？一些老板认为，其实他们还是愿意尊重和认可骨干员工的，只是需要员工敬业、认真负责。

当然，这部分老板讲得也不是没有道理。在这里，我建议那些没有归属感的骨干员工，只有自己改变心态，老板才会尊重和重用你，如果你都不认可企业，那么企业也是不会认可你的。因此，我建议这部分骨干员工把企业作为自己发展的平台，时刻以公司利益为重，相信老板会尊重和认可你的。我敢断言，进入企业后，老板肯定不止一次地告诉骨干员工：“时刻把公司利益放在第一位。只有做好这一点，你们才有可能升任高阶的主管职位。”

在《家族企业长盛不衰的秘诀》培训课上，我给学员们讲了一个奥达克余百货公司关于顾客管理的案例。

有一个名叫吉埃丝的美国女记者来到日本东京奥达

克余百货公司的电器部，打算挑选一件非常特别的礼物送给住在东京的婆婆作为见面礼。

当吉埃丝说明自己的购物意图后，奥达克余百货公司的电器部女售货员彬彬有礼地向她推荐了一款“索尼”牌电唱机。

然而，满意而归的吉埃丝回到临时居住地，准备试用“索尼”牌电唱机时却发现，该电唱机不过是一个样品，根本无法使用。

一向对日本产品持价廉品劣看法的吉埃丝敏锐地觉察到其中的新闻信息，并迅速写了一篇新闻稿——《笑脸背后的真面目》。

怒气未消的吉埃丝还准备好了第二天与奥达克余百货公司交涉的有关凭据。然而，吉埃丝没有想到的是，第二天清晨，睡梦中的吉埃丝就被奥达克余百货公司的电话铃声叫醒了。

在电话中，奥达克余百货公司副经理向吉埃丝道歉。几十分钟后，奥达克余百货公司的副经理和提着新电唱机皮箱的公关人员就赶到了吉埃丝的居所。

当副经理和公关人员进了客厅后，向吉埃丝连连深深鞠躬致歉。让吉埃丝意外的是，副经理和公关人员除了送来一台新的、合格的“索尼”牌电唱机外，还加送了著名唱片一张、蛋糕一盒和毛巾一条。

吉埃丝问副经理和公关人员：“你们是如何找到我的住所的，我又没有告诉你们我的具体地址。”

副总经理打开记事簿，宣读了他们从发现问题到找到电话号码并及时纠正这一失误的全过程记录。

吉埃丝在奥达克余百货公司购买完“索尼”牌电唱机后，女售货员按照惯例将新的货品放在柜台上。在清理货物的过程中，女售货员发现自己不小心把一个“索尼”牌空心电唱机样品卖给了一名女顾客。

于是女售货员赶紧向奥达克余百货公司总经理办公室汇报了此事。然后，奥达克余百货公司保安马上根据监控视频的影像四处寻找那位女顾客，但没有找到。

奥达克余百货公司总经理觉得此事非同小可，关系到顾客利益和公司信誉的大问题。于是奥达克余百货公司总经理马上召集有关人员根据有限信息寻找该女顾客。女售货员只知道吉埃丝是一位来给日本婆婆购买见面礼的美国记者，另外，还有吉埃丝留下的一张“美国快递公司”的名片。

奥达克余百货公司根据仅有的这几条线索，公关部连夜如大海捞针一样开始查找吉埃丝。

公关部先是向东京各大宾馆查询，但毫无结果。公关部于是又根据“美国快递公司”的名片，向美国该快递公司总部查询。

凌晨两点，奥达克余百货公司才接到美国快递公司的电话，从美国快递公司打听到吉埃丝父母的电话号码。奥达克余百货公司公关部马上将电话打到吉埃丝的父母家，老人将吉埃丝在东京的住址和电话号码透露给了奥达克余百货公司公关部。

这期间，奥达克余百货公司公关部国际国内总共打了 35 个紧急电话。奥达克余百货公司这些做法，改变了吉埃丝先前的看法，她马上重新写了一篇题为《35 次紧急电话》的特写稿。

《35 次紧急电话》稿件见报后，奥达克余百货公司因为该新闻事件声名鹊起。后来，这个故事被美国公共关系协会推荐为世界性的公共关系的典范案例。

如果是中国的百货公司，我想，这个百货公司很可能面临巨大的企业危机，因为这个“不诚信”的负面报道将刊登在媒体的头版头条，将百货公司卷入危机之中。

反观上述案例，奥达克余公司用强烈的“维护企业利益”的意识和竭尽全力的挽救，及时解决了问题，不但挽回了公司的信誉，还提高了公司的知名度和美誉度。之所以该公司的员工能够这样做，是因为他们拥有归属感，以及得到了其管理者的认可。

3. 员工长期固化的打工思维

你在为谁工作？如果你在大街上问 100 个人，大概有 95 人以上会认为是为老板工作，即自己是一名不折不扣的打工者。

那么我们就从“打工”二字说起。“打工”一词源于中国香港。20 世纪 80 年代，随着中国内地的改革开放，“打工”这个词语从香港传入内地。在中国香港，所谓“打工”主要是指“受雇于人”，包括以下三个要素，见表 3–3。

表 3–3　打工包括的三个要素

序号	具体内容
1	受雇于人，替别人工作（包括为政府或者为私营机构工作）
2	本身不是老板
3	收取工作的薪酬作为主要的收入来源

从表 3–3 可以看出，打工的人本身不是老板，主要靠收取工作的薪酬作为主要的收入来源。其实，这就是典型的打工思维。

正是这种打工思维禁锢了成千上万的骨干员工。从某种意义上，长期的打工心态不仅让很多骨干员工忽略了自己的工作责任，还成为职业经理人的绊脚石。因此，员工要想得到老板的认可和尊重，就必须站在老板的角度考虑问题，从而以老板的心态兢兢业业地将工作执行到位。看似在为老板的公司工作，实质却是在为自己工作。因为以老板心态将工作执行到位，从而间接地为自己成长为“打工皇帝”积累资本。

在中国，素有“打工皇帝”之称的唐骏，并不一直都在做“打工皇帝”。恰恰相反，唐骏是从做老板开始的。根据资料，1990 年，到美国读书的唐骏仅仅用短短两年的时间就成了三家公司的老板。

唐骏发现，在美国创业非常容易，只要花几十美元，就能注册一家公司。于是，在商业文明极度发达的美国，唐骏一下子就成立了三家公司，而这三家公司的主营业务及其经营范围截然不同。尽管三家公司的规模都不大，但是这三家公司都能盈利。

这三家公司虽然只有几十名员工，但一年的利润却有几十万美元。这对唐骏来说，无疑是值得欣慰的。用唐骏的话说：“就是当时胆子很大，路子很野，看到什么赚钱就去干，想尽别人想不到的办法去把事情做成。”

正是唐骏这样“不会被条条框框限制自己的思路，拥有挑战和创新的精神”的行事风格，才一次次把自己送上“打工皇帝”的宝座。

1994 年，对于唐骏来说，这是一个非常重要的年份，因为他的职业生涯就在这一年发生改变。他接到了微软日本公司的电话："你好，我是微软日本公司，台式婚姻配对机是不是您的发明？产品显示了您的创造力和想象力，有没有兴趣加盟我们公司？"

对每年几十万美元利润的老板唐骏来说，过去从未想过，微软会主动打电话邀请他加盟。

微软日本公司邀请唐骏加盟，唐骏却婉言谢绝了。然而，正是这次拒绝，才把唐骏和微软真正地连接在一起。

两个月后，微软美国总部给唐骏打电话："我们正在开发 WindowsNT 3.5 版本的远东版，您既懂英文，又懂中文和日文，还独立开发过富有想象力的软件产品。我们非常需要您这样的人才，您是否愿意以工程师的身份来参与这个开发小组，加入微软总部工作？"

面对微软美国总部抛出的橄榄枝，唐骏自己做老板的思维也开始改变了。特别是微软总部在电话中说："微软的技术核心和管理核心都在美国总部，到这里来能够学到非常有用的东西。"

正是这番具有煽动性的话真正打动了唐骏。唐骏的双鹰软件公司也是做软件开发的，同样是做软件，为什么微软能成为全球的霸主，而唐骏的小公司只能接接日本人的小单？企业做大做强的秘密究竟是什么？

此刻，站在人生十字路口的唐骏非常清楚，除了关键技术之外，企业管理也是一个发展瓶颈。唐骏想知道比尔·盖茨是怎么解决这些问题的，于是决定去微软看一看，看看微软公司是怎样运转的，说不定会有所启发。

在好奇心的驱使下，唐骏下定决心到位于美国西雅图的微软总部参加面试。当唐骏在微软公司的面试结束之后，他已经看到了自己和微软公司的差距在哪里，需要学习的地方比唐骏想象得还要多。

比如，创业过程中遇到的种种问题，唐骏一般都归咎于管理出了问题。当唐骏到微软面试之后，才发现自己还根本没有摸到管理的门道。对于急于要把小企业做大做强的唐骏来说，管理尽管很重要，却不是全部，还有很多其他的因素。

在找到与微软的差距后，唐骏认为可以加盟微软公司，毕竟微软公司有太多东西可以学到，否则这些东西唐骏可能一辈子也解决不了。从此，唐骏走上了职场的道路。当时的唐骏并没有意识到，这是他成为中国“打工皇帝”的开始。

可以肯定地说，唐骏开创了中国职业经理人的一个时代。在唐骏之前，中国由于缺乏对职业经理人的了解，更谈不上敢用职业经理人了。

再加上柳传志、俞敏洪、史玉柱等一批创业家的成功，激活了中国数千年来的创业情结。在人们的意识中，当上老板意味着握有生杀大权，给老板打工仅仅是卖命赚一点儿血汗钱而已，这样的观点跟中国香港关于打工的观点非常相似。

想赢得老板的认可和尊重，有这样的想法是不正确的。对此，唐骏在接受媒体采访时呼吁说："这种观念是不对的，我觉得我有义务扭转这种观念，告诉现在的年轻人，成功不仅仅只有创业一条路，打工一样可以成功。在美国有很多很好的例子，有些顶级的职业经理人，他们的收入比很多企业家更高，他们在商界地位超然，他们的管理思想和理念影响着更多的人。我希望在中国也能产生这样的职业经理人，不是一个人，而是一个队伍。那就需要更多的年轻人，有理想有能力有创意的年轻人，加入这个队伍中来。"

三、及时对骨干员工的工作给予正面表扬和评价

与其将精力投入大量的人事招聘之中，不如探寻人才的深层次需求，提高现有员工对组织的依赖，促进员工的留职。[①] 因此，这就给管理者或者人力资源部提出更高的要求，肯定和认同员工，这样不仅可以提升其责任心、忠诚度，而且能更好地留住骨干员工，为企业所用。

毋庸置疑，作为任何一个骨干员工来说，自己做出成绩时，都希望及时得到主管经理或者老板的肯定和认同。这种肯定和认同哪怕是口头上的，都会满足人性得到别人认可和赏识的欲望。在工作中，这种欲望一旦得到满足，就能让骨干员工感知到工作的意义，进而将潜能最大限度地发挥出来。因此，中小企业老板和主管经理要想让员工心甘情愿地为企业带来利润，往往只需做一件很简单的事——及时对骨干员工的工作给予正面表扬和评价。

1. 肯定和认同比高薪水更能留住员工

对骨干员工充分肯定和认同，组织根本不用什么成本，

① 参见张明：《怎样才能留住员工》，《企业管理》2012 年第 7 期。

却能获得极高的回报。因此，想让你的组织更具竞争力，那么请充分尊重、肯定和认同每一个骨干员工的劳动，这无疑是留住骨干员工的最佳方式。

S工厂生产总监马艳去车间检查时，刚进工厂大门就听到有人跟她打招呼。马艳定睛一看，原来是马艳曾经的下属丁洋洋。

作为生产总监，马艳的职责之一就是保证工厂的安全。当马艳在车间巡视了一遍后，发现丁洋洋坐在那里等她。

谈到这个丁洋洋，可是一个典型的“90后”。由于分厂急需用人，决定从总厂分配一些员工到分厂工作，丁洋洋就在这批名单中。然而，丁洋洋在分厂上了半个多月的班，由于不习惯分厂的工作，于是写申请想调回总厂。可是分厂的管工不让丁洋洋调回总厂。丁洋洋就偷偷从分厂“逃”了出来，可是又怕总厂说她太任性，不敢要，逃离分厂的丁洋洋就开始找新工作了。开始时，几个工厂都是要求员工自己租房或者自己先出伙食费的，可是丁洋洋还有一个多月的工资没领，只好继续找。

后来看到一个厂，丁洋洋就进去面试了。由于丁洋洋技术过硬，新的工作非常顺利地找到了。老板说：“只要你来这里上班，我们不会亏待你的，你以前拿多少钱工资，我也可以给你多少。你没钱用，我可以先给你。”说着就拿出1000元给丁洋洋。

丁洋洋拒绝了老板的1000元。他问老板：“您不怕我拿了钱就跑吗？”老板说不怕。丁洋洋说：“如果我以前那个厂的老板不让我走，那我的工资怎么办？”

老板说他会补给丁洋洋。老板还借自行车给丁洋洋回去取行李，因为丁洋洋的行李放在老乡那里。

然后，丁洋洋加盟了那个工厂。尽管丁洋洋是“90后”，但是丁洋洋从小就能吃苦，养成了勤劳的习惯。

每当工厂任务紧时，丁洋洋总是第一个主动提出加班。加盟该工厂三个月后，老板发现丁洋洋的管理能力超强。如果好好培养，对于工厂来说，将是一位很好的管理骨干。

于是，老板把丁洋洋叫到办公室，问她：“高中上完了吗？”

丁洋洋如实回答了老板的问题——高中上完了，当时只考上了省内的一所专科学校，为了减少家里的经济负担，丁洋洋毅然提出了不复习，去外面打工挣钱，供弟弟妹妹上学。

老板说：“如果现在再给你一次上大学的机会，你还想上吗？”

丁洋洋坦率地说：“当然想上了。”

老板当面告诉丁洋洋：“过几天，我就把你送到一个名牌高校去学习。看你那么为咱们工厂卖力，我感觉你很有管理的天分，你就学管理专业。这样，以后在咱们厂里，你就只上行政班，不用那么辛苦了。我也是从农村出来的，深知在农村长大的孩子不容易，所以，我才给你这样一个再学习深造的机会。”

就这样，丁洋洋得到去某大学总裁班学习的机会，学制 1 年。此次学习提升了丁洋洋的综合素养以及管理能力，由此改变了丁洋洋的人生路径。经过几年的历练，丁洋洋被老板提拔为董事长助理。

在本案例中，老板不仅培养了一个骨干员工丁洋洋，还留住了她。事实证明，充分肯定和认同骨干员工的成果，是激励骨干员工的最好手段，单是对某个骨干员工给予的肯定，就能对企业起到很大的作用。

在骨干员工看来，成果得到管理者的充分肯定和认同，表明管理者看到了骨干员工的长处，即肯定了骨干员工存在的价值，不再对骨干员工的存在视若无睹。而一旦得不到肯定和认同，就会令骨干员工对自己产生怀疑，渐渐失去进取心，最后导致骨干员工的流失。因此，无视骨干员工优点和付出的管理者，一定是不合格、不称职的管理者。

2. 肯定和认同员工必须“务实”，而不是“务虚”

在日常管理中，作为企业管理者，不能倡导员工纯粹地谈奉献，这样的做法显然是不现实的，也是得不到员工认可的。因此，在尊重和肯定员工劳动成果的同时，必须给员工提供合理的物质和精神上的回报，这样才能更好地留住员工，特别是骨干员工。

这就需要企业经营者时刻发现员工的优点，真正做到肯定和认同。学者冯作霄、时圣广就谈过这个问题：“作为一名合格的收费站管理人员，不但要具备发现、解决收费工作中疑难杂症的能力，还需要善于发现员工的优点。哪怕员工的优点是微小的，甚至是微不足道的，如果被你的细心发现了，并及时地对此做出肯定和认可，将会对这名员工带来极大的影响力，提高其工作积极性。”

冯作宵、时圣广补充道：“绝大多数工作人员在做一件事情的时候，不是为了得到物质奖励或者荣誉，而是想得到同事和领导的认同，这种认可哪怕只是一个微笑或者一句话就足够了。在平时的工作中，经常会遇到类似的事情发生，例如：在收费过程中，车流量较少的时候，值班收费人员会主动清扫车道和收费设施，保持其清洁。这是再简单不过的一件事了，他们是想为广大驾乘人员提供一个优美、舒心的缴费环境，同时，也为自己打造一个整洁的工作环境。发现此类事时，作为一名收费管理人员不需要夸奖或赞扬，只需一个认可的微笑，就会让员工感觉到自己做的工作得到了别人的认同，从而提高工作积极性和责任心。”

因此，在人力资源管理中，只有真正了解每一名骨干员工的优点，使他们的优点得以发光、发亮，才能真正留住他们，并且全面提高他们的工作效率和工作质量。不信我们来看看钢铁大王卡耐基的故事，这个故事就说明了这个非常简单的道理。

美国钢铁大王安德鲁·卡耐基是一个非常传奇的人物。在进入钢铁业之前，他不过是宾夕法尼亚铁路公司的一名小职员。

当时的宾夕法尼亚铁路公司总经理是考斯特，不仅威望很高，工作经验也非常丰富。对于卡耐基这样刚踏入社会的人来说，都会把考斯特当成崇拜的偶像。美国当时的铁路运营都是单线的，为了错车通行，宾夕法尼亚铁路公司经常需要用电报指令发车。当然，电报指令发车只是一种应急手段，其风险非常大，所以只有经过宾夕法尼亚铁路公司总经理考斯特授权的人，方才可以使用电报指令。

在美国，当时正处于高速发展时期，对于需求极大的铁路建设而言，很多铁路员工由于没有受过培训，火车事故也就经常发生。出现事故后，考斯特晚上常常去事故现场，指挥疏散交通，所以上午一般就来得比较晚。

然而，有一天上午，卡耐基早早地来到办公室上班了，考斯特没到。卡耐基发现，铁路东部发生了一起严重事故，耽误了西行的客车开车。在铁路运营中，东向的列车一般都是由信号员一段一段地用手工信号引领着向前，这样的手工效率非常低下。甚至于若没人指挥，两个方向的列车都必须停运。

面对紧急问题，卡耐基必须作出决策。正是这个决策显示了卡耐基与众不同的领导力。卡耐基本来想把这一情况汇报给考斯特，可短时间内又找不到考斯特。于是卡耐基在没有得到授权的情况下，就私自用考斯特的名义发出了行车指令。

这对于卡耐基来说还是轻车熟路的，这项业务再熟悉不过了。通常情况下，都是考斯特口授，卡耐基记录。由于是自己单独操作，卡耐基特别小心，坐在机器边仔细观察信号，因为一旦出错，就意味着被开除。幸运的是，一切都非常顺利，接受指令的人并不知道这些指令是卡耐基发出的。

下午时分，疲倦的考斯特终于回到办公室。卡耐基没有得到考斯特而私自发出发车指令，几乎不敢正视考斯特。

后来卡耐基得知，就在当天晚上，考斯特对一位部下透露，要不是卡耐基发出行车指令，他就要承担停车事故的责任。卡耐基在最关键的时刻帮了考斯特一个大忙。

看到卡耐基有这样超凡的管理能力，考斯特干脆就把这件事交给卡耐基来办。尔后，卡耐基的故事地球人都熟知，他成为美国钢铁大王。

从安德鲁·卡耐基的这个案例，我们不难发现，正是总经理考斯特发现了卡耐基的优点，再加上卡耐基在工作中逐渐积累了经验，掌握了电报发车的要诀和技巧。就这样，卡耐基从一个普通的小职员升任专业的发车员，到总经理，再到大家熟知的钢铁大王。

第四道防线

把关怀放到一线岗位上

在很多影视剧中，经常对一些百年老店管理者关心店员的场景进行特写，这激发了我对传统商业文化的探索。如电视剧《大宅门》中，有一个场景就是白家的管理者——二奶奶告诫接班人白景琦要善待下人，还拿出二两银子给一个被白景琦罚跪的下人。

在《大宅门》中，这样的镜头非常多。正是因为如此，才保证了《大宅门》中白家老号的上百年不倒。现实中的白家老号就是中国著名的百年企业同仁堂。同仁堂的做法给中国企业的启示是，应时刻关心骨干员工的切身利益。

一、时刻关心骨干员工的切身利益

企业的“企”字，一旦没有“人”就是“止”了，即一切都停止了。基于此，在企业经营管理中，人才是核心，人才是根本。管理者只有时刻关心骨干员工的利益，让骨干员工感受到管理者关心他们的切身利益，骨干员工才会很自然地将工作的热情激发出来，从而促进更加良性的管理循环。

1. 不容忽视的员工切身利益

古语云：“得人心者得天下。”这个道理同样适用于企业留住骨干员工。只有关心骨干员工的切身利益，才能提升他们的忠诚度和归属感。

在第六届管理创新高峰论坛上，时任伟创力全球副总裁的黄英祺作了一个名为《不容忽视的员工切身利益》的演讲。

黄英祺讲道：“20 年前的巴西非常贫穷，很多国民都没有受过教育。当时在马来新河的一个地方有一个工厂，工人大概有 1000 人，经营管理非常差，差不多快倒闭了。当时我们希望把它关掉，具体的解决方案是，希望交给一个本地的总经理，因为是本地人，可以让一些本地员工很平静地离开。但是这个总经理看到很多员工没有受过教育，当时 2% 的员工只是中学毕业。所以他跟这些员工说，我们一块来改善工厂，把工厂变得更有活力，我愿意花所有时间培养你们，帮你们读完中学。现在 100% 的同事已经中学毕业，还有 27% 的同事大学毕业。从图片上可以看见，最老的员工退休以后才可以完成中学毕业，他退休以后拿中学毕业证书。这会带来什么影响呢？工厂员工的积极参与。今天这个工厂的流失率每一年是 0% 的比例，全球来讲是非常难达到的，流失率非常低。平均来讲，这是我们全球工厂里面，我们最赚钱、毛利最好的工厂。”

黄英祺还谈道：“那是一个非常偏远的地方，今天如果从北京到巴西大概要坐 36 小时的飞机，这么偏远的地方可以达到这个成果很不容易。……这是个非常动人的故事。因为有一个朋友引见的总经理，找了一个跟员工非常有关系的问题，用这个问题非常有策略性地帮他们参与转型，让员工知道公司对他们的关怀。这个故事表达了伟创力在这方面对人的关注精神，我们希望可以给员工一个非常安全、非常尊重的劳动环境，我们希望提供一个个人的工作环境，我们希望可以提供员工一个学习发展的平台，我们希望员工可以融入社区里面，变成社区一部分，也使公司变成社区一部分。如果我们有卓越的员工，我们就可以成为一个卓越的公司。”

在全球跨国企业中，伟创力的情感化管理并非唯一一个，不过是其中具有典型性的代表。在中国浙江，正泰集团股份有限公司（以下简称正泰）同样用类似的情感化管理赢得了员工的认可。数据显示，正泰保持着25%以上的经济增长率、80%以上的员工满意度和不到3%的员工流失率。如此低的员工流失率，正泰是用什么方法留住骨干员工的呢？正泰人力资源部经理汤彪分享了其用人观和留人观。

（1）最青睐复合型人才，选人求专不求全

正泰在选人时坚持自己的标准。汤彪介绍道："面对同样一片森林，木匠师傅会选择高大挺拔的树木，因为那是建造房屋的栋梁，而工艺美术大师会对那些奇形怪状的歪脖子树情有独钟，因为那是做木雕和根雕艺术的理想素材，正泰人才选聘工作也是同样的道理。"

为了确保招聘的人才"人适其岗，职能相符"，在正泰，对所有岗位都有明确的胜任要求，并针对不同的岗位设置不同的任职资格条件。当员工就职后，正泰会根据周期性的绩效考核，再根据员工的表现进行升职、调岗和岗位轮换，确保合适的人才留在最合适的岗位上。

在选人的过程中，正泰早在2006年就启动了一个近千人的招聘计划。该计划涵盖应届大学毕业生到具备国际化背景的中高端人才，涉及电气产品研发、战略规划、资本运营、国内外营销、企业管理等多种岗位。这其中，正泰会优先录用具备

“科技化、产业化、国际化”战略要求的复合型人才。[①]

（2）建立三级培训体系

在提升骨干员工工作技能的过程中，正泰建立了完善的培训体系。1995 年，正泰创建学习型组织。1997 年，正泰与大学联合建立企业学院，同年引入 MBA 课程体系。如今的正泰已按照 ISO10015 国际培训管理体系的要求建立了三级培训体系。此外，正泰还鼓励员工自我学习和内部知识共享，以“师父带徒”的形式保证知识的传承和发展，同时建立了网络化的学习和培训系统，不定期地举办管理沙龙和正泰讲坛，促进内部的知识共享和交流。[②]

（3）有能耐就有舞台，有为就有位

在正泰，对骨干员工的要求是“重学历，不唯学历，更重能力；重文凭，不唯文凭，更重水平”。正泰通过对员工严格的绩效考评，再进行科学合理的评价，同时还通过竞聘上岗和岗位技能竞赛，在内部制定一个“公开”“公正”“公平”的“赛马”机制，给骨干员工提供一个充分展现自我的发展平台，真正做到“人尽其才，才尽其用”。

对此，汤彪介绍道：“青年人在正泰拥有无限的发展空间和舞台。”据汤彪介绍，正泰集团经理级别的干部，平均年龄

---

① 参见褚明鹤：《正泰集团的员工管理》，《人才资源开发》2006 年第 5 期。

② 参见赵琼山：《如何实现凤凰涅槃式的突变——正泰公司精益生产方式的实践》，《中国质量》2007 年第 6 期。

为30岁左右。总裁班子的平均年龄为40岁多一点。例如浙江正泰建筑电器有限公司董事、总经理高翔，20世纪90年代初毕业于浙江大学。1997年，高翔加盟正泰时，只是一名普通的技术员。几经历练，他已成长为今天统领着数千名精英的技术总经理和最年轻的副总裁。

又如正泰集团生产采购部总经理寿国春，原先只有高中文化，推过板车，干过仓库保管和电工。经过自己的努力，升任生产采购部总经理。

据汤彪介绍，寿国春在担任某产品公司总经理期间，领导上百名员工创造了数亿元的产值。寿国春已经成为该公司的核心骨干和行业内知名专家。

在正泰集团，不怕骨干员工想当官，就怕骨干员工当不了好官；不怕骨干员工有野心，就怕骨干员工没能力；不怕骨干员工锋芒毕露，就怕骨干员工藏愚守拙。像高翔、寿国春这样从普通员工走上总经理，甚至副总裁岗位的正泰人有数百位之多。

（4）奖就奖他个心花怒放，罚就罚他个心惊肉跳

在正泰的高层领导中，深谙“财散才聚，财聚才散”的管理方略。因此，在制定薪酬制度时，通常以岗位薪酬为基准，再通过技能薪酬制度来增加专业技术队伍的岗位收入，同时以绩效薪酬激励经营管理队伍的岗位效率。在薪酬分配中，正泰重实绩、重贡献，分配向关键岗位和技能突出的人才倾斜，构

建以经营业绩为核心的多元分配体系。

据汤彪介绍，正泰奖罚严明，“奖就奖他个心花怒放，罚就罚他个心惊肉跳”。在这样的指导下，正泰集团提出：“让更多的员工成为百万富翁乃至千万富翁。”

为此，正泰集团每年都拿出超额利润的10%来奖励管理人员，拿出新产品一次性直接经济效益的5%—10%奖励技术人员。

例如，2001年，一位派驻控股公司的总经理，由于超额完成工作业绩，就得到100多万元的绩效奖金。2002年，正泰集团的增长又超过了预期目标，很多管理者都得到100万元奖金。2003年、2004年、2005年……很多员工因此而领到100万元奖金。

有奖就有罚，正泰集团规定：“完不成当年经营绩效指标的，按照与目标差距的百分比扣减相关人员的绩效奖金，直至为零。同样，对于未能按要求完成的技术项目，按照差距大小扣减相应的项目奖金，直至为零。”

其中的惩罚仅仅是针对绩效奖金部分而言，不会影响岗位和技能年薪。正泰集团这种尊重人才基本价值的做法，充分体现了“以人为本，关爱员工”的精神。

（5）留人千万招，招招在留心

据汤彪介绍，在正泰集团，被称为“上帝”的有两个：一个是顾客，另一个是员工。

汤彪坦言，先有满意的员工，其后才有满意的顾客。正泰始终强调“沟通是最有力的武器”。为了打造满意的员工，正泰集团实施了多种策略：

第一，对于员工，正泰集团设置有合理化的建议奖，鼓励一线员工积极参与正泰集团的管理。

第二，正泰集团每年都要进行员工满意度调查，然后根据调查结果，建立一个与员工沟通和对话的平台。

第三，在员工的每一个发展阶段，正泰集团的主管领导们都及时给予下级必要的指导和帮助，主动进行工作交流和沟通。

汤彪坦言：“我们围绕公司发展战略和员工需求，着力培育温情的企业文化。”在汤彪看来，正泰集团这样做，旨在帮助员工解决实际的问题。

之所以把上述两个案例和读者分享，是因为两个案例能给中国企业经营者提供可以参考和借鉴的范本。

2. 像关注顾客一样关注员工

在人力资本主导新经济舞台的今天，高级管理人才、高级技术人员正日益成为招聘市场上的“稀缺资源”。为防止关键员工被“挖走”，越来越多的企业开始将以顾客为服务对象的策略套用在以员工为服务对象上。以关注顾客的眼光关注员工，旨在为员工提供更多的让渡价值。这种让渡价值的意义是可以拓展的，比如被关注、感情文化的培养、帮助规划职业生涯等，而不仅仅是薪资的体现。[①]

从这个角度来看，管理者关心成员的切身利益，同时还要像对待顾客那样对待员工，这样的做法更有利于留住骨干员工。要想做到这点，管理者必须关注和了解骨干员工的需求——除了金钱以外，骨干员工还希望从工作中得到什么？其中哪些还没有得到？骨干员工在事业方面的个人目标是什么？怎样才能让骨干员工热爱工作？骨干员工希望承担哪些具体的使命与责任？骨干员工害怕什么，怎样才可以帮助骨干员工克服恐惧感？

管理者只有真正了解了这些，才能有效地留住骨干员工，最大限度地发挥骨干员工的积极性，才能真正把骨干员工的巨大潜力挖掘出来。这就是为什么日本京瓷创始人稻盛和夫几十年如一日地坚持把员工排在第一位的真正原因。

对此，稻盛和夫在接受媒体采访谈到维护员工忠诚度时说："京瓷第一年，销售额 2600 万日元，净利润 300 万日元。很快，在京瓷成立第三年的时候，我遇见了人生的第一个管理难题。前一年进入公司的 11 名员工递给我一封请愿书，要其做出定期加薪水福利的承诺，不然就集体离职。起初，我分别找这些员工谈话，企图各个击破。殊不知，这 11 名员工竟然

---

① 参见艾丰：《外企：何人为我所用？看我"招"术》，《涉世之初》2004 年第 5 期。

也私下立下血誓，联合同进同退。我最终满足了那 11 名员工的要求。”

从稻盛和夫的回忆中我们不难发现，在企业的发展过程中，必须将员工的利益放在客户和股东之前。只有这样，才能促进企业的高速发展。

一般来说，欧美的大公司都有自己的企业文化，那些东西既是西方文化的产物，又往往与公司开创者的个性有关。其实，早在 20 世纪 30 年代，美国芝加哥西部一家电器公司就得出了这样的结论：工人不单是靠工资来调动积极性的经济人，而且是获得别人尊重、友谊需要的社会人。这就表明，要管理好员工，首先必须充分尊重他们。

通用电气前 CEO 杰克·韦尔奇（Jack Welch）在实践中进一步领悟了这个道理。他在一次部门经理会议上郑重其事地告诫他的下属：“要想留住骨干员工，就必须尊重每一位员工，让他们感到自己是公司里最重要的一员，这是一种激励员工的有效手段。”

对此观点，心理学家亚伯拉罕·马斯洛（Abraham H. Maslow）认为，尊重是人类较高层次的需要。既然是较高层次的需要，自然不容易满足；一旦满足了，它所产生的重大作用也是不可估量的。

二、让骨干员工感知到来自企业的关心

留住员工最好的管理手段就是建立关爱员工的长效机制，原因是高压的制度是留不住骨干员工的。特别是在提倡人性化管理的今天，泰勒时代的管理已经不再适用于今天的组织结构。最典型的代表就是伦敦商学院战略及国际管理教授加里·哈默（Gary Hamel）。他在《管理大未来》一书中就强调："我们的管理模式发展缓慢，但21世纪商业面临的环境已经发生了剧烈的变化。新的世纪虽然刚开始，但对现代管理提出了新的挑战，这些挑战大大有别于我们先辈们曾经面临的挑战。"

加里·哈默提到了流程固化的问题。流程固化就是探索其中有用的经验，将流程化的东西变得条例化。其实这是1.0时代的管理方式，是泰勒的管理思想，推行科学管理就可以了。但是，在企业管理中，强化的管理模式是达不到管理者所期望的效果的，企业经营者必须让下属明确体会到自己的关心。严刑峻法式的管理往往会让中国企业管理者走入误区，特别是在中国这样一个人情社会。

1. 建立关爱员工的长效机制

值得广大企业管理者注意的是，只有充分尊重和关爱骨

干员工，才能让归属感根植于骨干员工的内心深处。比如中国电信集团江西分公司，就出台了持续打造“员工幸福工程”关爱员工办实事 20 项举措。详情如下：

（1）“五必访、五必贺”覆盖电信所有从业人员，做到生病住院、家庭纠纷、天灾人祸、家中丧事、生活有实际困难必访，生日、结婚、生育、子女高考升学、子女应征入伍必贺。丰富“五必访”内涵，扎实开展员工家访和党员谈心谈话活动，及时帮助和解决员工的思想问题和实际困难，引导员工保持积极向上的良好心态，凝聚起推动公司高质量跨越式发展的合力。

（2）坚持开展“冬送温暖、夏送清凉”活动，春节期间，组织慰问劳模、困难员工、离退休员工及一线员工；高温期间，组织慰问奋战在酷暑下外勤一线员工。

（3）筹措资金整治和改善 27 个县公司局容局貌及办公环境；了解员工的实际困难、意愿和诉求，因地制宜，有效改善 100 个分支机构员工的工作、生活条件。对已建“四小”的分支机构，各单位要从成本中安排部分资金，做好“四小”设施运营、更新和维护工作。逐步改善员工冬季工作条件，有条件的单位可在公共用水地方安装热水设备。

（4）办好员工食堂，提升餐饮服务水平，优化食堂用餐环境，保障员工膳食质量，打造员工满意食堂。省会开展全省电信示范性食堂评选活动。

（5）全体员工（含派遣制、合作方）收入增幅与业务收入增幅保持同步；薪酬分配持续向一线倾斜，实现一线员工收入增长幅度高于全省员工收入平均增幅。

（6）持续实施员工弹性福利计划，继续投入1000万元人工成本用于改善员工福利。

（7）逢年过节（即春节、端午节、中秋节等），各单位工会结合消费性扶贫任务，在工会经费预算中安排一定比例的经费，采购公司定点对口贫困县优质农副产品，向全体员工发放节日慰问品。

（8）提高员工夜班津贴标准至50元/夜班。

（9）优化员工企业年金实施办法。提高企业年金计提比例至8%，合同制员工个人年金账户分配比例提高至6%，持续稳步提升员工养老福利保障。

（10）持续做好关键节点工龄荣誉激励制度，对工龄满10、20、30、40年的称职员工进行荣誉表彰；对当年退休员工，各级工会可结合实际情况，以座谈会、茶话会等形式，为到龄退休员工举办小型欢送仪式，并赠送一份有领导和同事留言的影集纪念册（电子版）和不超过1000元的光荣退休银质纪念章，增强员工的凝聚力和归属感。

（11）评选表彰100个全业务发展先进集体、200名全业务发展先进个人；组织200余名劳模先进（D2级以上荣誉）参加荣誉疗休养和学习交流活动；组织长期奋斗在艰苦乡村地区工作的优秀从业人员及家属“看电信”活动。

（12）及时对遭遇突发灾害造成生活困难的员工家庭给予帮扶；每半年对患大病造成生活困难的员工给予帮扶；每年对特殊困难员工家庭入学子女给予助学帮扶。

（13）有序解决员工夫妻两地分居问题。面向夫妻分居两地员工积极创造有利条件，定期开展员工调昌及地市之间内部岗位竞聘，有计划有步骤解决员工两地分居问题。

（14）各单位工会每半年不少1次组织开展近郊春游、秋游等全员参与的户外集体活动。省会举办以“喜迎新中国70华诞”为主题，且员工喜闻乐见、参与面广的第五届全省电信员工文化艺术节，活跃员工文化生活，缓解员工工作压力。

（15）进一步落实带薪年休假制度。督促各级管理层带头休年休假，会同行政根据生产经营任务周期性的规律，积极采取分段休假和备员等多种形式，安排好员工带薪休假；组织开展省内范围的一线员工疗休养活动，进一步落实员工疗休养制度。

（16）组织员工和合作方人员每年进行一次健康普查；举办健康知识讲座或心理辅导活动，有条件的单位可外聘心理医生帮助员工进行心理调节和疏导；加强员工俱乐部规范化建设，丰富俱乐部活动形式，年底省会将组织开展优秀俱乐部评选，并予以奖励。

（17）落实女员工权益保护专项集体合同，关注和加强

“二孩”、四期女员工特殊权益保护，配置防辐射服为怀孕女员工循环备用，完善和加强“爱心妈咪小屋”设施管理，为女员工购买幸福互助险；组织开展有益于女员工身心健康的庆“三八”系列活动，做好女员工的服务工作。

（18）关爱大龄未婚青年，结合业务发展和党建翼联活动，搭建未婚青年员工交流平台，与相关单位联合组织开展“相约青春”联谊活动。

（19）持续推进合作方人员择优转制工作；协助用工单位为派遣制员工办理公积金；协助用工单位按人均500元的标准，切块配备合作方人员工会活动经费，工会文体活动、“五必访、五必贺”、餐费补贴等实现全口径覆盖。

（20）统一安排有子女高考或中考的员工，在高考、中考期间休假三天；对家有14岁以下儿童的员工，“六一”放假半天，鼓励各单位组织员工子女与父（母）开展“趣味运动会”、“翼起看电影”等形式多样的“亲子活动”；为上大学的员工子女寄送中秋月饼和“鼓励早成才”慰问信。[①]

在企业管理中，通常有四个方面工作，即管人、管财、管物、管信息。在后三者中，又主要由人去管理和操作。人才是企业行为的主体，甚至有学者直言不讳地说：“企业的管理就是管人，人的管理就是企业管理的核心。”因此，企业管理

---

① 参见江西电信：《中国电信江西公司持续打造“员工幸福工程” 出台2019年关爱员工办实事20项举措》，江西省总工会网站，2019年3月4日。

者自然地把人力资源管理与开发放在相当重要的战略位置，甚至每个企业都有自己的一套用人理念，即使是中国标杆企业海尔也不例外。

古人说:“用人不疑，疑人不用。”韩愈则认为:“世有伯乐，然后有千里马。”在海尔集团，董事局主席、首席执行官张瑞敏明确提出：所谓“用人不疑，疑人不用”在市场经济条件下是一种反动理论，是导致干部放纵自己的理论温床。

在张瑞敏看来，“用人不疑，疑人不用”将阻碍人才工作激情的发挥，他主张“人人是人才，赛马不相马”。这样的人才观为海尔员工提供了一个公平竞争的机会和环境，尽可能地避免“伯乐”在相马过程中存在的经验主义，即主观局限性和片面性。《海尔报》上曾专门发表评论文章讨论此问题。该文分析认为，通过“赛马”的方式赛出的人才，不仅要用，更要监督。在封建社会，道德力量是约束人行为的重要手段，如忠义、士为知己者死等。然而，在市场经济领域，更要依靠法制力量来监督优秀人才，更何况目前的法规不健全、不完善。

海尔集团提出，对干部应该进行必要的监督和制约。原因是，道德的力量毕竟还是过于软弱，干部的健康成长不能完全依靠个人的修炼，必须建立在“无法不可以治国，有章才可成方圆”的基础之上。

权力下放的同时，也必须建立强有力的监督制约机制。越可能成为干部的人才，越是作出突出贡献的干部，越是委以重任的干部，越是要加强监督。《孙子兵法·谋攻篇》在谈取胜条件时说："将能君而不御者胜。"这句话的意思是，将帅有指挥才能而国君不加牵制就能打胜仗，即授权非常重要性。但是在市场经济条件下，当权力没有被监督，无疑就意味着腐败。在利益面前，道德约束、自身修养、素质往往无能为力，形同虚设。

在张瑞敏看来，"企业领导者的主要任务不是去发现人才，而是去建立一个可以出人才的机制，并维持这个机制健康持久地运行。这种人才机制应该给每个人相同的竞争机会，把静态变为动态，把相马变为赛马，充分挖掘每个人的潜质，并且每个层次的人才都应接受监督，压力与动力并存，方能适应市场的需要"。

在上述思路的指导下，海尔集团建立了一系列"赛马规则"，包括"三工"并存、动态转换制度，在位监督控制，届满轮流制度，海豚式升迁制度，竞争上岗制度和较完善的激励机制等。

在"赛马不相马"的过程中，海尔集团在授权的同时，也加强了在位监控的力度，为此还提出两个内容：一是干部主观上要能够自我控制，自我约束，有自律意识。二是集团要建立控制体系，控制工作方向、工作目标，避免犯方向性错误；控制财务，避免违法违纪。

为了更好地在位监控，海尔集团建立了一个较为严格的监督控制机制，任何在职人员都必须接受三种监督：自检（自我约束和监督）、互检（所在团队或班组内互相约束和监督）、专检（业绩考核部门的监督）。

与此同时，海尔集团还给干部制定了五项考核指标：一是自清管理，二是创新意识及发现、解决问题的能力，三是市场的美誉度，四是个人的财务控制能力，五是所负责企业的经营状况。

海尔集团将这五项指标赋予不同的权重，最后得出评价分数，分为三个等级。每月考评，工作没有失误但也没有起色的干部也归入批评之列。这样的管理思维下，激发了员工的危机感。《海尔报》就曾引用一句名言："没有危机感，其实就有了危机；有了危机感，才能没有危机；在危机感中生存，反而避免了危机。"

例如，担任海尔运输公司总经理的戈风钰就是一个典型的案例。

1997 年初，海尔运输公司经常被投诉。1997 年 1 月 8 日，《海尔报》发表题为《对员工说不的运输公司赶紧刹车》的文章；4 月 2 日，在《工作研究》栏目里又发表了题为《运输公司：切莫再吃这等家常便饭》的文章；5 月 14 日，发表题为《戈风钰：真不好意思再说你》的文章，直接点名批评总经理……如此严格的监控制度促使海尔运输公司不得不调整自身的工作方向，包括设立职工意见箱、投诉电话和便民服务车。

除了严格的监控机制，海尔集团还采用“届满轮流”和“三工转换”的管理策略。

（1）届满轮流

在海尔集团，一个有特色的人力开发思路就是届满轮流。由于海尔集团自身的变化，从白色家电到黑色家电，研发的产品系列越来越多。

根据木桶原理，一只水桶能装多少水取决于它最短的那块木板。由于内部发展并不均衡，不仅存在差距，甚至差距还很大，一些干部不仅看不到与竞争对手的差距，而且跟不上市场的变化，只能原地踏步。随着海尔集团的边界越来越宽，海尔集团就越来越需要一批拥有长远眼光、能够把握全局、对多个领域了如指掌的优秀人才。

海尔集团制定了“届满要轮流”计划，即在一定的岗位上任期满后，由海尔集团根据总体目标并结合个人发展需要，调到其他岗位上任职。“届满轮流”不仅可以培养一批多面手，还能激发员工的工作激情。

（2）三工转换

所谓“三工”，是指在合同制基础上把员工分为优秀员工、合格员工、试用员工（临时工）三种。

根据员工的工作态度和业绩，优秀员工、合格员工、试用员工之间可以动态转化。不仅如此，“三工”在动态转换的同时，还与自身的待遇挂钩。

在这种用工制度下，努力工作的员工，可以在最短时间内被转换为合格员工或优秀员工。一旦不努力工作，哪怕是一天，就可能需要十天、百天甚至更长时间才能成为合格员工或优秀员工。一些优秀员工因此被转换为合格员工或试用员工，甚至丢掉工作。

另外，海尔集团在内部实行竞争上岗制度。一旦有职务空缺，就会在公告栏上贴出来，任何员工都可以参加应聘。

在骨干员工的管理体系中，海尔集团建立了一套较为完善的激励机制，包括责任激励、目标激励、荣誉激励、物质激励等。这些对于危机感较强的海尔员工而言，无疑是一种心理调节器。

2. 让每一个骨干员工都觉得自己重要

在企业家论坛上，很多企业管理者往往把管理复杂化了。其实，管理的目的很简单，就是充分调动员工的工作积极性，使其绩效最大化，达到企业管理者预期的业绩目标。

可能有读者会问，把“管理”这个词天天挂在嘴边，那么什么是管理呢？所谓管理，是指通过计划、组织、指挥、协调、控制及创新等手段，结合人力、物力、财力、信息等资源，以期高效地达到组织目标的过程。

彼得·德鲁克（Peter F. Drucker）在《管理——任务、责任、实践》一书中谈道：“管理是一种工作，它有自己的技巧、工具和方法；管理是一种器官，是赋予组织以生命的、能动的、动态的器官；管理是一门科学，一种系统化的并到处适用的知识；同时管理也是一种文化。”

斯蒂芬·罗宾斯（Stephen P. Robbins）给管理的定义是：所谓管理，是指同别人一起，或通过别人使活动完成得更有效的过程。

不难看出，管理的终极目标就是为了完成企业交给员工特别骨干员工的任务，使其更好地为组织创造更多的财富，同时还要让每一个员工特别骨干员工都觉得自己重要。对此，杰克·韦尔奇在接受《华尔街日报》采访时就重点谈道：“通用电气的员工之所以个个都有极强的忠诚度和责任心，其中最重要的就是，让通用电气的每名员工都知道，他们才是通用电气最重要的，让他们每一个员工都觉得自己重要。从而达到每一位员工像 CEO 自己一样地努力工作。”

在杰克·韦尔奇的带领下，通用电气的业绩蒸蒸日上。其实，这样的案例非常多，在松下公司同样如此。

可以说，松下公司今天取得的成就，与松下幸之助关心人才是分不开的。对此，松下幸之助接受媒体采访时曾坦言：“我们把一流的人才留下来经商，让二流人才到政界去发展。”

这足以看出松下幸之助对人才的重视。当然，松下幸之助不仅关心和尊重自己的员工，连餐馆的主厨也不例外。

事情是这样的：为了更好地维护客户，松下幸之助在一家餐厅设宴款待客户，一行六人都点了牛排。等六人都吃完主餐，松下幸之助让助理去请烹调牛排的主厨过来，还特别强调："不要找经理，找主厨。"

助理注意到，松下幸之助的牛排仅仅吃了一半，担心其后的场面可能有点儿尴尬。

主厨知道用餐的客人来头很大，非常紧张地问："是不是牛排有什么问题？"

松下幸之助解释说："您是位非常出色的厨师，烹饪的牛排真的很好吃，但我已80岁了，胃口大不如前，所以我今天只能吃一半。我想当面解释一下，是因为我担心当您看到只吃了一半的牛排被送回厨房时，心里会难过，我想告诉您，我吃得少不是因为您的厨艺。"

松下幸之助的做法值得中国企业管理者学习。

丰田汽车公司前董事长丰田英二对松下幸之助的评价很高，接受媒体采访时回忆说："我担任专务时，曾率技术人员参观松下电器工厂，松下干部列队，盛大欢迎。最前头的，竟是松下先生本人。他对顾客的重视、恭敬，真是无人能比。他始终贯彻顾客至上的精神。他还集合干部，带头向丰田人员作深入的发问。他这种谦虚和以身作则的精神，令人觉得他不愧是位优秀的经营者。”

试想一下，如果您是那位主厨，听到松下幸之助的说明，受到尊重后的自信心一定大增。客户听到松下幸之助如此说，就更愿意与他做生意了。因此，企业管理者要学会恰如其分地关心员工。

我曾在给一个企业做内训时，听到某管理者对员工说：“你之所以能够升任部门经理，是因为我向老板极力推荐，是因为我据理力争。”

如果以这样的姿态关心骨干员工，必然引起骨干员工的反感。对于这样的情况，管理者在与骨干员工谈及此事时，应该说升任部门经理是骨干员工工作努力的结果，轻描淡写地提到自己推荐的微薄之力，骨干员工就会觉得更受尊重。

当管理者遇到自己没有办成的事情后，不能习惯地向骨干员工抱怨说，不是我不想办，是老板糊涂，或企业太官僚。管理者这样做的后果是：第一，使骨干员工对管理者失去信任，认为管理者无能；第二，对企业失去信任，不再安心工作。对此，管理专家艾柯认为：“带人如带兵，带兵要带心。”管理者只有真正关心下属，才能赢得下属的充分信任和忠诚，才能高效、高质量地完成管理工作，自己也会有很好的职业发展前景。[①]

3. 让骨干员工感到自己是最重要的一员

留住骨干员工最好的方法就是让骨干员工觉得自己在企业里非常重要，因为只有让每个骨干员工都有所长，都有能力成就一番事业，实现自我价值，才能提升骨干员工的归属感。

对此，美国生产力研究中心在一篇报告中指出，90%—95% 的人认为，意识到自己工作杰出是非常重要的自我激励要素。事实上，这比与工作表现联系紧密的薪金更为重要。我们看到，已经有越来越多的“80 后”“90 后”“00 后”走入职场并逐渐成为企业的核心人才，他们关注个性，更看重自己是否为企业的一部分，是否对企业有用，坚信“天生我材必有用”。这种“我对企业很重要”的感觉会使员工获得极大的心理满足，能够激发出他们的工作热情，促使他们积极投身于工作。总之，这种激情释放出的巨大能量会令所有管理者惊叹。现代企业的管理者应赋予员工更多的权力与责任，让员工真正感受到自己的价值。一旦员工掌握了“命运控制权”，必然会迸发出冲天干劲，企业自然也就留住骨干员工了。[②]

对此，业内专家指出，掌握骨干员工情况，既可以量才

---

① 参见艾柯：《管人要懂心理学》，企业管理出版社 2010 年版，第 145 页。

② 参见唐骏、贾慧剑：《做最有价值的经理人》，鹭江出版社 2009 年版，第 78 页。

使用，又能够给骨干员工一种“我在上司心目中有位置”的感觉，以增强骨干员工的忠诚度，更加有效地留住骨干员工。

通常情况下，骨干员工都愿意让企业管理者知道自己的名字，愿意在企业管理者面前展现自己，以引起企业管理者的关注，这是骨干员工普遍存在的一种心理。

鉴于此，管理者应当理解骨干员工的这种心理，尽可能地满足骨干员工的心理需求，并以此来激发、鼓励骨干员工的工作热情。这需要管理者尽可能多地了解骨干员工的基本情况。当然，了解得越详细，说明企业管理者对骨干员工关注、了解的程度越高，越能让骨干员工感到高兴。骨干员工越高兴，工作热情就会越高，对公司的贡献便会越大。

相反，如果企业管理者对自己骨干员工的情况一无所知，甚至骨干员工在公司干了好多年连其姓名都不知道，骨干员工会怎么想？有的骨干员工可能无所谓，有的骨干员工恐怕会另有想法。这些或多或少会影响企业管理者在骨干员工心中的威望，以及骨干员工对企业管理者的信任。企业管理者通常的做法是：了解骨干员工的基本情况，并让骨干员工知道自己在关心着他。这样才能更好地留住骨干员工。

三、留住骨干员工必须先感动骨干员工

对于留住骨干员工，唐骏有自己独特的一套。在接受媒体采访时，唐骏说："其实我只专心做了一件事，就是让我的员工感动。如果你全部按照西方的管理方式做，还不一定能把中国人的潜能给激发出来。"

唐骏的做法值得中国企业管理者借鉴。唐骏的理由是，在美国做管理，不需要感动员工，只要按合同支付报酬就行；而在中国，人们追求的不仅是金钱，还有感情。唐骏认识到，中国人最怕的是被感动，如果你感动了他，那么他会为你赴汤蹈火，这是中国人的性格。

1. 留住骨干员工重在感动骨干员工

在《中国家族企业为什么交不了班》培训课上，一个学员问我："周老师，现在留住一个骨干员工真的不容易，不是要高薪，就是要这要那。"

这个学员的困惑很有代表性。在该培训课上，我问那个学员："李总，您感动过您的骨干员工吗？"

李总回答说："这些骨干员工都是花大价钱雇来的。用不着像家人那样对待。不过我对他们都很客气。"

我对李总说："光客气还不行，您得必须感动他们才行。如果您感动了他们，他们是不会离开公司的。"

让所有骨干员工都喜欢企业，这的确是一件非常困难的事情。来自公开的数据显示，被调查的 10 多万员工中，竟然有 78% 的员工都说不喜欢自己就职的企业，喜欢的只占 15%，有 7% 的被调查者称说不清楚，见图 4–1。

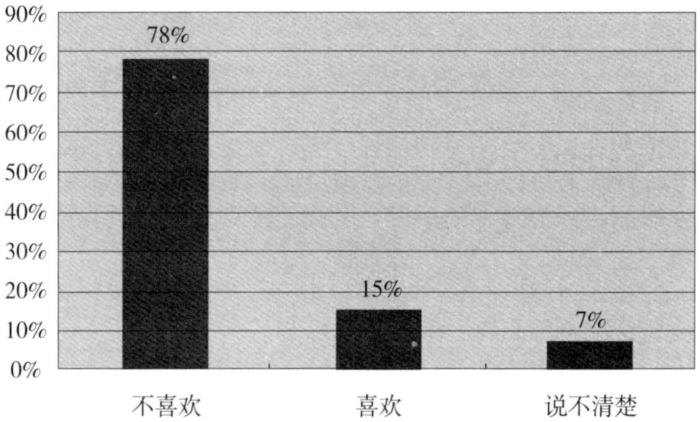

图 4–1　某网站关于喜欢就职企业的调查数据

在这份调查中，竟然有高达 87% 的被调查者表示自己想离开就职的企业，只有 10% 的被调查者表示会留下，3% 的被调查者表示说不清楚，见图 4–2。

这组数据足以说明，留不住骨干员工的症结在于企业管理者，因为管理者通常不重视关心骨干员工，更谈不上感动骨干员工。对此，新华都总裁唐骏深有感触，他在接受媒体采访

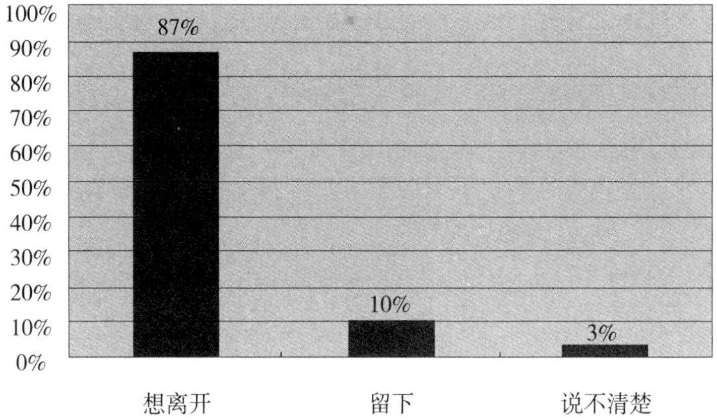

图 4–2　某网站关于离开和留下的调查数据

时谈到了他的管理方法："我在中国 10 年的管理经验告诉我，在中国做管理需要让员工感受到做领导的关爱，最好是让他们有点'感动'。一旦员工被你'感动'了，那时表现出的对企业的热爱才是真正的'文化'。"

唐骏还举了这样一个真实的例子：

有一天晚上，唐骏在公司电梯里遇见了工程师戴维（David）。戴维正好带着女朋友参观完公司。

唐骏主动对戴维说道："戴维，最近你们工行的客户项目做得怎样了？"

第二天早上，唐骏的邮箱里收到了戴维的邮件。在邮件中，戴维说，唐骏让他在女朋友面前很有面子，因为连总裁都知道他的名字，并且还知道他在做什么，觉得他在公司里很重要，也一定会有前途。戴维说他女朋友对他的好感迅速增加了几十分，说以后一定要继续努力，不辜负期望……戴维真的被感动了。

通过这个案例，唐骏认为，其实感动员工的方式是多种多样的。如唐骏当时就给人事部定了一条规定：所有加入微软中国的员工，都要经过唐骏的面试。

刚开始时，有些中层很不理解，甚至怀疑唐骏不够信任他们。其实，唐骏这样做的目的，就是在员工还没进入微软的时候，唐骏就“感动”他们一下，让他们真正感受到什么叫“以人为本”，感受到公司对员工的重视——公司的总裁面试每一个员工，即使是最基层的员工。

很多从其他公司加盟的员工十分感慨，说在前一家公司工作多年，却和公司老总没有任何对话机会，而来微软的面试都是总裁亲自做，感觉自己一下子被重视了。

唐骏后来回忆说：“其实我能记住公司 1000 多位员工的名字，这样的方式不知感动了多少人，因为我每天都和员工接触。每天早上我给大楼‘不听话’的电梯都派一个‘电梯阿姨’对电梯做合理的控制；我让公司阿姨帮助员工代缴水电费；在工作日，公司负责去机场和车站迎接每一个员工的家属；中秋给员工的亲友寄送月饼……所有一切看上去都是小事，但是每件事都会让员工感动。

“在微软公司通过第三方咨询公司对全球员工进行的员工

满意度调查时，我领导的无论微软全球技术中心还是微软中国公司，都成为微软全球员工满意度第一的分公司。由此我成为微软公司历史上唯一一位两次获得‘比尔·盖茨总裁杰出奖’的员工。其实我只专心做了一件事，就是让我的员工感动。”①

记住员工的名字并且知道他们都在干什么，正是唐骏的人性化管理。

唐骏先后在微软、盛大网络、新华都工作，经历过不同的国家和不同的企业管理方式。在唐骏看来，相对而言，激发中国骨干员工的积极性是容易的，关键看管理者如何做。

在唐骏看来，在中国做管理，更需要让员工感受到来自管理者的关爱，必须用自己的真心去“感动”员工。唐骏认为，只有被感动了的骨干员工才能真正热爱自己的企业，只有能感动骨干员工的企业才能真正拥有好的企业文化。

2. 感动员工就必须感动员工的心

在古代中国，有“士为知己者死”这句话。这句话其实最早出自《战国策·赵策一》。原文是：晋毕阳之孙豫让，始事范中行氏而不说，去而就知伯，知伯宠之。及三晋分知氏，赵襄子最怨知伯，而将其头以为饮器。豫让遁逃山中，曰：“嗟乎！士为知己者死，女为悦己者容。吾其报知氏之仇矣。”

① 唐骏：《管理者要学会让员工感动》，《光彩》2009 年第 11 期。

这句话的意思是指甘愿为赏识自己、栽培自己的人献身。同样，在今天，要想让员工拼命，就得有让员工拼命的理由。员工之所以干得卖命，不仅仅来自有竞争力的薪酬，更重要的是企业的氛围让员工干得开心。现在的中国由于处于高速发展期，都市里的人越来越功利，越来越缺少人情味，因此，要想真正地感动员工，就必须感动员工的心，这样才能有效地留住骨干员工。不信，我们从电视剧《大宅门》的一个场景说起。

在《大宅门》中，有一幕让我深受感动，就是七老爷白景琦被抓进日本鬼子大牢，临出门，郑老屁突然拿了大饼卷肉吃给七老爷看。然而，郑老屁却因为哄七爷开心而暴毙。

可能读者会问，郑老屁为什么要这么做，甚至拿命来博得白景琦的开心？这就是因为白景琦感动了郑老屁的心。

一个网友发帖坦言："老七在当时的情况下能收留老屁，给他一个饭碗，这对老屁是有恩的。知恩图报是中国人的传统思想，这种思想在老屁身上体现得很明显。这也是这位农民身上的良好品质。而作为老屁，除了能以吃娱乐恩人外也别无他法，所以七爷和老屁都没错。如果七爷知道老屁有病，我相信他是绝不会让朋友这样做的。这个悲剧缘于社会大背景和一些误会，个人觉得不能全赖在七爷身上。"

客观地讲，这个网友分析得还是非常到位的。在《大宅门》中，郑老屁和白景琦在街头打架相识，尔后因为郑老屁的家乡发洪水，亲人不是饿死就是病死，无依无靠的郑老屁投奔了白景琦。

而白景琦非常爽快地答应了郑老屁的请求，还给他安排了一份工作。郑老屁被少东家白敬业赶出大宅门，又被白景琦的第二任妻子香秀带回家里。

当然，郑老屁不仅从心里敬重七老爷白景琦，而且心甘情愿地忠心办事。因此，一个优秀的企业管理者应该尊重骨干员工，并经常让员工感动，这样骨干员工才可能像郑老屁一样“士为知己者死”。这对今天的中国企业经营者而言非常具有借鉴和参考价值。

3. 老板感动骨干员工的多种方式

在很多场合下，一些老板激励骨干员工最多的手段就是提高他们的薪酬。殊不知，花了大量薪酬也没有留住骨干员工，实在是可悲可叹。

在给一家名为A集团公司的大型民营企业做内训时，老板很纳闷地询问我这样一个问题：“周老师，您说要票子我给票子，要房子我给房子，要车子我给车子，就差要老婆没有把老婆给他了。凭良心说，我真的待他们不薄，可为啥他们就是不领我的情呢？”

该老板骂的员工就是毕业于北京某大学的高才生，在企业摸爬滚打了很多年，具有丰富管理经验的王正坤。

一次偶然的机会，我见到王正坤。当我问他为什么要离开那家公司，王正坤似乎满腹委屈。谈及自己的离去，王正坤非常郁闷地感叹道："其实老板待我真的很不错，但是我离开绝对不是因为这些，在那里我总是觉得很空虚、很压抑……"

当我将 A 集团公司老板的话转达给他之后，王正坤坦率地说出了自己的心里话："我总不能为他打工一辈子！他只是一个穷得只剩钱的暴发户罢了。其实现在金钱对于我来说没有绝对的诱惑力，我只想干出一番业绩，证实我的才能，而在那里，我总是不能全力施展我的才能，况且道不同，不相为谋，所以我离开是因为觉得在那里是对我价值的最大否定。"

当我再次给 A 集团公司做内训时，我把王正坤的话委婉地告诉了 A 集团公司老板，该老板微微叹息道："我辛苦打拼其实是在为员工打拼，为什么他们还不领情呢？"

从这个案例可以看出，单纯的薪酬激励已经过时，在第一阶段薪酬激励达到饱和后，就必须考虑精神激励。在这里，最容易实现的精神激励就是让骨干员工感动。

可能读者会问，作为企业经营者，特别是那些大老粗老板，如何才能让骨干员工感动呢？经过诸多资料的整理和挖掘，以下几个方法值得参考，见图 4–3。

图 4–3 详细内容如下：

（1）在公开场合表扬骨干员工。在中国，企业老板或企业

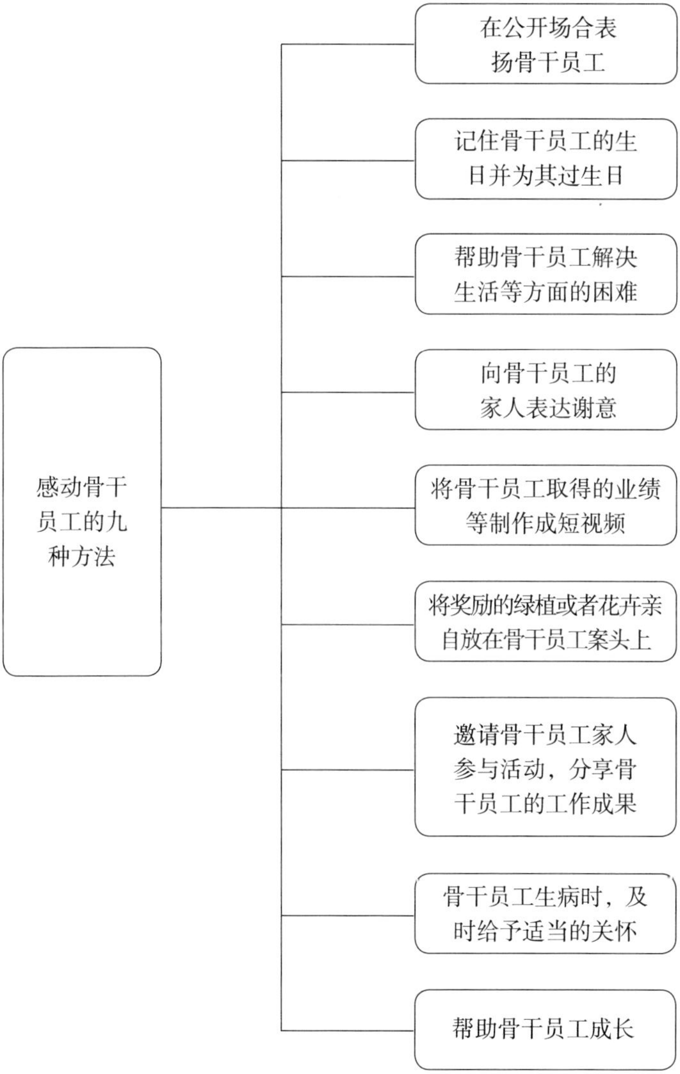

图 4–3　感动骨干员工的九种方法

管理者不愿意认可和肯定骨干员工的成绩，甚至还“鸡蛋里挑骨头”式地专挑员工的毛病。对此，企业老板或企业管理者必须转变观念，去发现骨干员工的优点，然后在公开场合当众表扬他们，这些优点就会成为骨干员工的行为标准。

（2）记住骨干员工的生日并为其过生日。作为企业老板或企业管理者，在骨干员工生日之际，理应送上一份温馨的祝福。温馨的生日祝福语不仅寄托着企业老板或企业管理者对骨干员工的美好祝福，更能够起到交流感情、增强凝聚力的效果，同时还能感动骨干员工。

（3）帮助骨干员工解决生活等方面的困难。企业老板或企业管理者必须在平时多注意骨干员工的表现、情绪等，当发现骨干员工有困难时，应帮助其解决生活等方面的困难。这样不仅解决了生活等困难，还会让骨干员工内心多一些感激。

（4）向骨干员工的家人表达谢意。企业老板或企业管理者向骨干员工的家人表达谢意，表扬骨干员工在企业里的努力、所取得的成绩、与同事相处的优点等，让骨干员工家人一起分享。

（5）将骨干员工取得的业绩、工作成果、日常工作情况、参加一些活动的情景，结合企业文化制作成短视频。其效果有两个方面，见图 4-4。

企业老板或企业管理者这样做，不仅体现了对骨干员工的重视与关爱，也让骨干员工感觉只要为企业做出成绩，就可

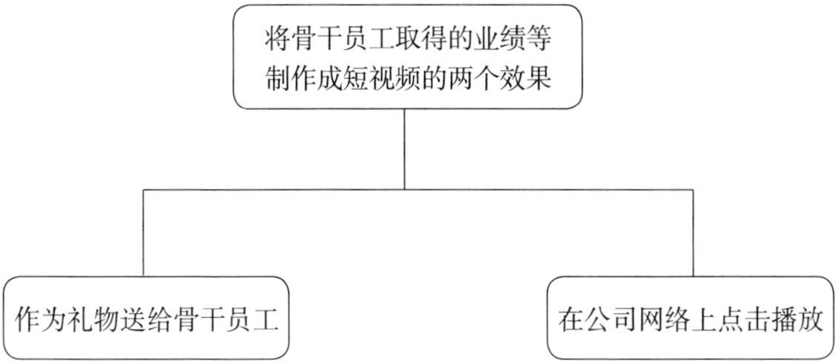

图 4–4　将骨干员工取得的业绩等制作成短视频的两个效果

以得到肯定。

（6）企业老板或企业管理者将奖励的绿植或者花卉亲自放在骨干员工办公桌案头上。当骨干员工取得比较好的业绩时，通过种种努力克服困难而取得成功时，企业老板或者企业管理者可以亲自将奖励的绿植或者花卉放在办公桌案头上，既美化了骨干员工的工作环境，又表扬了骨干员工，比仅仅口头上的表扬好多了，特别是对女性骨干员工。

（7）邀请骨干员工家人参与活动，让他们的家属也能一起分享骨干员工的工作成果。企业老板或企业管理者可以邀请骨干员工家人参与活动，如领奖、野餐等。作为这种活动的组织者，企业老板或企业管理者必须控制好氛围，否则效果就会差很多。

（8）骨干员工生病时，及时给予适当的关怀。在骨干员工生病时，企业老板或企业管理者应及时地给予适当的关怀，如亲自探望，送几束鲜花、水果等，甚至是当骨干员工家属病了时，也可以关怀一下。

（9）帮助骨干员工成长。企业老板或企业管理者应尽可能地为骨干员工提供更多的培训机会，同时花多一点儿时间来对骨干员工进行指导、沟通，在工作上既要严格要求，又要人性化管理，既要指出骨干员工的不足，又要肯定骨干员工取得的任何进步，从而帮助骨干员工成长。

第五道防线

尊重和赞赏骨干员工

对于管理者而言，有效提升骨干员工的岗位生产力，肯定和认同员工已经成为企业管理的必然。

可能大家不认同我的观点，就算倡导资本主义管理的美国同样也在推崇情感化管理，当然，这其中也包括肯定和认同员工。在对美国、日本、德国、英国等国企业进行研究的过程中发现，95% 以上的企业文化中都会有“尊重员工”这一条，这也成为跨国企业留住骨干员工的法宝。

一、尊重员工的权利、价值和愿望，乃至关心他们的未来

随着中国企业对管理重视程度的加大，尊重人的管理手段逐渐进入管理领域。它最重要的一点就是，不仅考虑企业的利益，而且从社会的角度出发，尊重人的权利、价值和愿望，乃至关心他们的未来。

对此，哈佛大学商学院教授罗莎贝斯·莫斯·坎特（Rosabeth Moss Kanter）在接受《华尔街日报》采访时坦言："留住骨干员工，必须尊重和赞赏骨干员工。"

在坎特看来，尊重和赞赏骨干员工，是人性化管理的一个必然要求，骨干员工的私人身份受到尊重，他们才会真正感到被重视、被激励。被赞赏之后，才可能在工作中主动完成管理者交办的任务，才可能真正地留在就职的企业。

1. 率先从尊重员工开始

对于任何一个老板而言，尊重骨干员工不仅有利于营造融洽和谐的人际环境，调动骨干员工的积极性和创造性，还能有效地留住骨干员工的心。因此，只有充分尊重骨干员工，骨干员工才能更好地发挥自身优势，使工作效率大幅度提升。在

这样的大背景下，尊重骨干员工绝不是企业老板一时兴起，而是一个长期的工程，因为一个优秀的企业老板不仅要尊重骨干员工，还要实施人性化的管理，处处为骨干员工的利益考虑。

位于美国加利福尼亚州的某钢铁公司，一些骨干员工蓄意怠工，让老板心急如焚。为了解决这个头疼的问题，老板一方面给骨干员工大幅度加薪，另一方面又给骨干员工授权，却没有起到多大的激励效果。

万般无奈之下，老板不得不求助于一家大型咨询公司。该咨询公司派遣了一名管理专家进驻该公司解决这个棘手的问题。管理专家来到钢铁公司后，不到一个小时就找到了问题的根源。

事情是这样的：当时，该钢铁公司老板说道："好吧！让我们在厂里转一圈，你就会知道这些肮脏的懒种出了什么毛病！"

听了老板的话，管理专家立刻就知道问题出在什么地方了，于是，他提出了自己的解决方案："你所需要的，就是把每个男员工当作绅士一样对待，把每个女员工当作女士一样对待。这样做了，你的问题不消一夜就会解决。"

老板对管理专家的解决方案半信半疑，甚至不以为然。管理专家建议道："诚恳地希望你试上一星期吧。如果不见效果或不能使情况好转，你可以不付给我什么。”

老板心存疑惑地同意了。两周后，管理专家收到一封信，上面写着：“万分感谢，詹姆斯先生。你会认不出这个地方了，这儿有了奋发向上的激情和工作责任心，有了和睦共处的新鲜空气。”

在如今的管理模式中，传统的硬权力管理模式已经开始渐渐淡出企业管理，随之而来的就是以尊重骨干员工为基础的情感化管理。

在本案例中，钢铁公司后来实施人性化管理，管理者把每个男员工当作绅士一样对待，把每个女员工当作女士一样对待，结果激活了骨干员工的激情和责任心。

这个案例警示中国企业，尊重骨干员工已经成为企业管理的潮流，不管愿不愿意，都必须这样做。

2. 给员工足够的尊重

在很多企业家论坛上，人们都非常关心一个问题——企业靠什么留住骨干员工？传统理论认为，是高薪，是高福利。然而，这都没有切中要害。

2016 年 1 月 7 日，在成都举办的 HRS 人力资源峰会上，时任智联招聘集团执行副总裁的姬鹏展回答了这个问题，他的答案是——给员工足够的尊重。

在之前，智联招聘公布了2015中国年度最佳雇主100强榜单。姬鹏展分析该榜单说道："影响能否成为最佳雇主的第一要素，已经不再是薪酬和福利了。"

在姬鹏展看来，员工获得被尊重感才是能否进入最佳雇主100强榜单的关键。姬鹏展介绍说，尊重员工这一因素在2011—2013年还未进入前五名，但是在2015年之后，就排在首位。

姬鹏展认为，企业即使资金不雄厚，也可以用心地尊重员工。为此，姬鹏展举例说道："一些大企业对员工父母住院实施报销，体现了对员工的尊重。中小企业没钱怎么办？让员工每年有两次机会休带薪失恋假，也是一个办法。"

事实上，在中国传统文化中，掌柜对店员的管理就是建立在尊重的基础之上的。这样的管理场景至今活跃在许多影视剧中，如《大宅门》《大清徽商》《大染坊》等。

时至今日，这样的管理理论仍然实用，特别是"90后""00后"员工开始步入工作岗位后，企业管理者对员工尊重的重要性就开始凸显。一些企业管理者坦言："对全体员工的尊重是一个合格管理者必备的条件之一。"

在他们看来，由于目前的工作压力较大，以及工作时间的延长，因此员工需要得到企业管理者的尊重。这样的观点得到了全球领先的办公空间创新性解决方案供应商——雷格斯（The Regus Group）的证实。

雷格斯对 80 多个国家和地区的 1.7 万名受访者提出哪些因素最有可能创造快乐的工作氛围时，有 69% 的中国员工表示对同事的尊重是最重要的因素。同事取得成功时主动表示祝贺（49%）和鼓励知识与技能的交流（47%），分别排在第二个和第三个重要的因素。另有 30% 的受访者提出当同事进入或离开办公室时总是和他们打招呼也十分重要。

这组数据说明，留住员工，特别是留住骨干员工，尊重占到很大的比例。为此，时任雷格斯东亚区总裁韩蓝霆（Hans Leijten）在接受媒体采访时坦言："在中国就业市场好转的情况下，这次调查结果应该为某些企业管理者敲响了警钟，他们忽略了可以采取简单、实用而且成本为零的各种措施来确保员工不会在休假回来时提交辞呈。由于工作压力和工作时间的延长进一步影响了人们的个人生活，中国员工比以往任何时候都更加了解他们在一天中花费很长时间来共事的人的性格对工作满意度的重要性。除了加薪和物质奖励之外，一些简单的措施，如表达对所有员工的尊重、重视对员工的优秀表现表示祝贺以及通过鼓励知识与技能的交流来帮助同事取得进步等，都有助于建立更加人性化并且健康的工作环境，才能使员工不会轻易放弃工作。"

3. 尊重员工的同时也在凝聚人心

通用电气前 CEO 杰克·韦尔奇总结了自己几十年的管理经

验认为，尊重员工是职业经理人应具备的基本素质。

在杰克·韦尔奇看来，尊重员工是最有效的激励手段，尊重会使员工感受到自己的重要性，让员工有一种满足感。

在柯达公司，“尊重每个人”是柯达文化的核心，体现在对同事、客户以及工作中接触到的每一个人的尊重，不仅要尊重他们的尊严，还要尊重他们的知识。

惠普之所以能成为世界一流的大公司，是因为惠普靠的是“以人为本”的企业宗旨。其宗旨主要体现为关心和重视员工、尊重员工的工作。

惠普创始人比尔·休利特（Bill Hewlett）及其当了40年研制开发部主任的巴尼·奥利弗（Barney Oliver）经常到设计现场去，与员工交流意见，察看员工的工作情况。以至于两人不再任职后，休利特和奥利弗随时都会走到他们的工作台前，对他们的工作提出问题。

在惠普公司，管理者关心员工，鼓励员工，使员工们感到自己的工作成绩得到了承认，自己受到了重视。这些无不体现惠普公司对员工的重视和关心，员工获得了公司的体贴与爱护，做出的成绩得到了公司的肯定，他们工作也就更加努力。

从上述例子可以看出，尊重和关心骨干员工，认可他们的工作，能使他们得到鼓舞，得到满足，这有助于激励他们努力工作。因此，尊重骨干员工是凝聚人心的关键，也是留住骨干员工的重要措施。

事实证明，能否带领骨干员工打胜仗，在很大程度上取决于管理者是否给骨干员工以应有的尊重。因此，尊重骨干员工绝不是口头上说说，而已成为整个企业经营管理的出发点和行动基石。

在一个企业家论坛上，有一个老板就谈到了尊重骨干员工的重要性。他介绍说，他那家企业在中层干部调整中，将原三名车间主任定为不提拔对象，原因是在日常的车间管理中，他们常有态度蛮横、作风武断等不尊重员工的表现。与此同时，该企业有了条新规定：凡不尊重员工者，一律不予提拔。

该老板还强调，“不尊重员工不提拔”这条规定得到了企业员工的广为称赞。员工们纷纷说：“从这条规定中，我们看到了企业对我们的真正尊重和厚爱。”因此，如何做到虚怀若谷，树立以人为本、员工尊严至上的企业理念，绝不是一句空话。

二、赞赏骨干员工要真诚

关心和尊重骨干员工是一笔付出少、收益大的投资，因为称赞值得表扬的事不费分文，效果却难以估量。事实上，称赞骨干员工是一门高深的学问，不是每个企业管理者都能运用得炉火纯青的。原因是，管理者在适当的时候巧妙地称赞骨干员工，被称赞的骨干员工会认为他的工作得到了领导的认同，也就证明了自己工作的价值。从这个角度来讲，赞赏不光是对骨干员工成绩的肯定，还能够充分调动骨干员工的积极性，且更容易留住骨干员工。

1. 赞美骨干员工，间接地承认骨干员工的长处和成就

渴望赞美是人的一种天性。在骨干员工管理中，特别是企业管理者在留住骨干员工的流程管理中，赞美骨干员工这条法则就显得尤为重要。

从社会心理学角度分析，赞美能够有效地缩短骨干员工与企业管理者之间的心理距离。但是，有相当多的企业管理者不习惯，甚至不情愿赞美自己的骨干员工，使骨干员工的工作激情遭受挫折，打击了骨干员工的工作热情。

2015 年 7 月，爱好餐饮的张文浩大学毕业后，加盟了 M 连锁餐饮企业。由于张文浩办事认真负责，M 连锁餐饮企业总经理孙云龙就让张文浩做了办公室文员，张文浩主要负责企业相关文件的收发，同时还负责和处理一部分闲杂事务。

在 M 连锁餐饮企业办公室文员的职位上，张文浩工作兢兢业业，做得非常到位，也很出色。

M 连锁餐饮企业总经理孙云龙觉得，张文浩的工作非常积极，是 M 连锁餐饮企业中层管理者的重点培养对象。

尔后，孙云龙经常让张文浩列席该企业的大小会议。三个月后，M 连锁餐饮企业运营部总监被派往华北地区，孙云龙就破格提拔张文浩为该企业运营部总监。

得到提拔的张文浩在工作方面更加积极主动。但是摆在张文浩面前的问题是，自己毕竟没有餐饮服务一线基层工作的经历，这就为他在管理店员方面增加了难度。特别是张文浩在制定各项指令和制度时，由于他考虑得不够周全，制定的各项指令和制度往往不科学、不合理。

这样的事情在张文浩就职运营部总监的第三天就发生了。当张文浩检查餐厅卫生时，看见部分店员的白色工作制服已经有明显的脏痕。

在中午1点的会上，张文浩就制定了一个规章下达到部门负责人，限令全体店员在上岗前必须检查仪容仪表，没有达到要求的，一律不许上岗。

部门经理钱文学收到该规章后，第一时间就向张文浩汇报："部分店员的制服很脏的原因，是洗衣机脱水缸坏了，后勤部已经打电话给厂家了，厂家还没有派人来修。再加上南方梅雨季节，天天阴雨绵绵，有的制服已经洗过了，还没有晾干，所以店员就穿着脏的制服上岗了。"

钱文学汇报完工作制服脏的原因后，张文浩却认为，这起事件是对孙云龙破格提拔自己当运营部总监不服气，故意找借口不服从安排。

下午两点，与张文浩关系甚好的传菜部部长王蕴涵私下解释说："……其实，各个部门负责人都认为你这样做是对的。关于部分店员的工作制服很脏的问题，我已经找过其中几个店员单独了解过了，也和后勤部部长吴跃协调过了，尽快解决这个脏制服问题。不过，我得提醒你，目前临近春节，本店许多店员都要求请假回老家过年。然而最近一段时间正是餐饮旺季，店员们劳动强度都比较大，原本店员们的对抗情绪就大，已经怨声载道了，现在就急于去处理工作制服脏的店员，一旦把握不好尺度，就会引起店员的怠工情绪。"

张文浩没有接受王蕴涵的建议，说：“你们怕承担责任，我下午开例会亲自给店员讲。”

张文浩没有料到的是，第二天上午10点，上岗的店员就少了近20人。仅传菜部一个部门就有6人因为工作制服很脏没有上岗，而区域值台有3人因为工作制服很脏没有上岗，配菜部也有5个人因为工作制服很脏没有上岗。

此刻张文浩才意识到问题的严重性，后悔昨天没有接受王蕴涵的建议。于是张文浩一边组织后勤二线部门店员顶替，一边安排管理人员找旷工的店员谈话。

后勤人员只熟悉后勤，不熟悉传菜的服务流程操作，结果在传菜中频繁出错，引来顾客不断投诉，给企业造成了不小的损失。

在上述案例中，张文浩失败的原因有很多，其中就包括只懂得批评，不懂得赞美。在日常工作中，骨干员工不可能一点儿错误都不犯，批评之可贵，就在于它像一面镜子，能及时反映他人的缺点和不足。

事实证明，赞扬能够提升骨干员工的工作激情，荣誉感和成就感能够满足骨干员工高层次的精神需要。一个骨干员工具有某些长处或者取得了某些成就，一旦得不到企业管理者的承认，那么骨干员工的高层次需求就得不到满足。当企业管理者赞美骨干员工时，也就承认了骨干员工的长处和成就。

某个骨干员工的行为受到称赞后，该骨干员工就会受到鼓舞，发挥更大的工作积极性，同时忠诚度也相应提升。

2. 赞美骨干员工的基本原则

在骨干员工的管理中，许多管理者在称赞骨干员工时经常犯一个较为严重的错误：对骨干员工取得的成绩不是给予百分之百的赞赏，而是画蛇添足，补上两句令骨干员工沮丧的评论。这样的赞美，不仅削弱了管理者赞赏骨干员工的积极作用，还有可能成为引起激烈争论的导火索。

在一次管理层会议上，一位报告人登台了。会议主持人向略显吃惊的观众介绍："这位就是刘女士。这几年来她的销售培训工作做得非常出色，也算有点儿名气了。"

最后一句话显然是画蛇添足，让刘女士非常不高兴。像"也算有点儿名气"这样的称赞由于用词不当，让被赞美者听起来很不顺耳，觉得压根儿就不是赞美，更像是贬低或侮辱，结果无疑事与愿违。因此，管理者在表扬或称赞骨干员工时，必须谨慎小心，注意措辞，尤其要注意以下几条基本原则，见表 5-1。

表 5-1　赞美骨干员工应注意的基本原则

序号	内容
1	管理者列举骨干员工身上的优点或成绩时，不要列举骨干员工觉得无足轻重的内容
2	管理者的赞扬不可暗含对骨干员工缺点的影射。如：太好了，在一次次半途而废、错误和失败之后，终于拿下了这个大单
3	管理者不能以曾经不相信某个骨干员工能取得如此优异成绩为由来称赞他。如：取得这样的成绩，恐怕连你自己都没想到吧
4	管理者的赞词绝不能以对待晚辈的口吻，如：小伙子，做得很棒，这个成绩了不起，就这样好好干
5	不能让骨干员工的谦虚削弱了管理者赞赏的作用

事实证明，管理者适当的赞美可以缩短骨干员工与管理者之间的距离。管理者既然赞美骨干员工，那么骨干员工肯定是有其过人的长处。当管理者发现骨干员工的优点和长处，赞美骨干员工时，必须端正自己的态度，真诚而坦率。

第六道防线

帮助骨干员工实现梦想

留住骨干员工不但需要充分发挥骨干员工的作用，还要让骨干员工有明确的奋斗目标。这就要求组织管理者帮助骨干员工进行职业生涯规划，了解骨干员工任务完成情况、能力状况、需求、愿望，设身处地帮助骨干员工分析现状，为骨干员工设定未来发展的目标，制订实施计划，使骨干员工在为公司的发展作贡献的过程中实现个人的目标，通过事业来留住骨干员工。这样的管理手段，既留住了骨干员工，又帮助骨干员工实现梦想，可谓一箭双雕。

一、给骨干员工提供职业发展的平台

科学合理的职业生涯规划也是留住骨干员工的一个重要手段。简言之，这里所说的职业生涯规划是指根据自身的专业知识、个人性格、职业喜好及其当前实际工作能力等方面的因素，制定一个在未来一段时间内要为之奋斗的目标。

当确定这个职业生涯规划后，就必须设计几个方案来实现这个职业目标。在这里，需要提醒的是，当把骨干员工的职业目标定位为企业高管时，这个职业目标不是天马行空地胡乱制定，必须根据“立志成为企业高管者”自身的性格、特长、兴趣、沟通能力，以及受教育的程度等多方面的因素，最终制定出一条科学合理的、适合自己的、实现成为企业高管的长期工作发展路线图。

1. 骨干员工与职业发展

对于打算用职业规划来留住骨干员工的企业管理者来说，必须明确企业到底需要什么样的骨干员工，谁可以成为企业的骨干员工，骨干员工可以为企业带来什么。同时，还必须清楚，既然这个骨干员工愿意与企业一同成长，企业能给骨干员工带来什么，带来的东西是不是骨干员工在发展过程中需要的。因此，企业管理者一定要找到骨干员工发展与企业发展的结合点，两方面的考虑缺一不可。倘若只从企业的角度来考虑，只突出骨干员工需要给企业作出的贡献，那么这个骨干员工不可能留得长久。

从骨干员工个人角度来讲，成为企业的骨干员工势必为自己带来更大的发展空间，但同时他们也会考虑，除了现在具备的能力，还能够对企业未来发展起到一个什么样的作用？这些都包含了骨干员工的职业生涯规划问题，而且职业生涯规划设计步骤必须合理科学。

此外，由于职业生涯规划是一个长期、连续的过程，需要企业管理者在采用职业生涯管理手段留住骨干员工时，必须设计一套程序来保证它的顺利实施。一般来说，该过程包括以下四个步骤，见图 6–1。

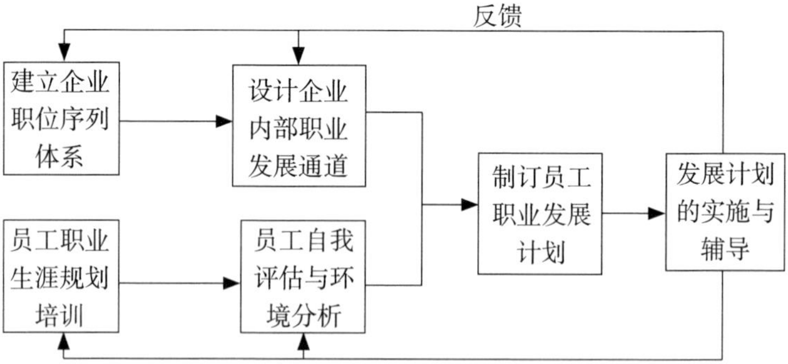

图 6–1　职业生涯管理的操作流程

给骨干员工提供职业生涯发展的平台是留住骨干员工的

一个有效手段。美国《商业周刊》研究过美国 563 名职业经理人的经历后发现，这 563 名职业经理人在就业时，企业给他们制定了一个清晰的职业生涯规划。这 563 名职业经理人在接受《商业周刊》研究时也坦言，他们能成为一名出色的职业经理人，还需要归功于当初清晰的职业规划。

事实证明，给骨干员工提供职业生涯发展的平台是留住骨干员工不可或缺的一个环节，特别是在如今人才争夺白热化的情况下，更是如此。鉴于此，给骨干员工提供职业生涯发展的平台，有利于骨干员工职业目标的制定。

2. 职业生涯开发与管理

在企业人力资源管理中，企业经营者为骨干员工进行职业生涯规划效果甚好。对此，在《2000 年大趋势》一书中，作者约翰·奈斯比特（John Naisbitt）和帕特里夏·阿伯迪妮（Patricia Aburdene）写道："在 20 世纪 90 年代的全球性经济繁荣中，人力资源，无论是对公司还是对国家而言，都是富有竞争性的优势。在信息经济时代的全球经济竞争中，人力资源的质量和创新将成为一个分水岭或里程碑。"

在约翰·奈斯比特和帕特里夏·阿伯迪妮看来，无论对公司还是对国家，人力资源都是赢得竞争的关键。

随着技术的进步，企业经营者只能通过人力资源方面的优势来获得胜利。简单地说，当一切工作都自动化后，工作场所的胜任度越来越取决于与技术无关的技巧。例如，效率的沟通技巧、团队协作、判断思维、对变化的反应能力等只有通过有效地开发员工的职业潜能方能实现。

事实上，从职业生涯开发与管理来讲，打造企业骨干员工应该是从发现骨干员工就开始作准备。每个职业都有专门的知识与技能，其中又有一个核心的技能，这是一般认为骨干员工应该掌握的。企业管理者在选择骨干员工时，主要应该看他是否具备在这个专业上的可塑性。同时还必须评估这个骨干员工是否符合这个职业，是否认同企业的文化，如果不认同，再有能力也没办法成为企业的骨干员工。

在制定骨干员工自身职业生涯发展规划时，还必须考虑到这个骨干员工能够在企业未来的发展中挑起大梁。除了单纯的方法、技巧、理念之外，关键是企业将这件事情放在怎样的一个位置。《任正非和华为神话》作者金易认为，应该把打造骨干员工放在一个战略的高度来考虑。很多企业当年在做战略的时候，只顾做市场、定位、资金，往往忽略骨干员工的战略，现在企业发展遇到的很多问题，瓶颈就在骨干员工的培养方面，企业发展的速度远远超过了骨干员工发展的速度，因为80% 的利润的创造都建立在骨干员工基础之上的。骨干员工是种子，好的种子进入企业之后，并不是在任何环境都能成长得很好，需要企业提供一个良好的平台，需要企业为骨干员工做好规划。

一般来说，职业类型分成几类，见表 6–1。

表 6–1　职业类型的分类

序号	类型	具体内容
1	技术型	技术型职业定位的人通常都是从自身个性与爱好考虑，一般都不愿意从事管理工作，而是愿意在自己的专业技术领域发展
2	管理型	管理型人才有强烈的愿望去做管理人员，他们通常将职业目标定为有相当大职责的管理岗位，同时经验也告诉他们自己有能力达到高层领导岗位
3	创造型	创造型人才一般比较固执，他们认为只有这些实实在在的事物才能体现自己的才干
4	自由独立型	自由独立型人才更喜欢独来独往，他们的职业定位同时也有相当高的技术型职业定位
5	安全型	安全型人才最关心的是职业的长期稳定性和安全性。他们为了安定的工作、可观的收入、优越的福利与养老制度等付出努力

在这里，需要提醒管理者的是，不能漫无边际地制定职业规划，而是必须结合骨干员工自身的性格、特长、兴趣、沟通能力以及受教育的程度等多方面的因素，制定出一条科学合理的、适合他们的职业生涯规划，否则不仅浪费了自己的时间和精力，还会给骨干员工一条错误的职业道路。因此，在职业规划时，企业管理者应根据对骨干员工自己的认识和对职业的了解，合理设计职业生涯。

二、员工持股是留住骨干员工的“金锁链”

《华尔街日报》采访“股神”沃伦·巴菲特（Warren E. Buffett）时问：“为什么硅谷不可以被复制？”沃伦·巴菲特笑笑后回答说：“购股选择权发挥了至关重要的作用。把股份分配给企业员工特别是骨干员工，让企业员工特别是骨干员工成为股东，随着企业财富的增加，股票价值无疑会猛涨。一旦企业员工特别是骨干员工成为企业的主人，成功对企业员工特别是骨干员工来说关系着自身的利益。这就是硅谷的秘诀。”

1. 员工持股增强骨干员工的归属感

骨干员工持股是留住骨干员工的一个方法，管理者通过股权激励使他们成为股东，骨干员工的归属感就会增强。相反，很多企业不愿意，甚至排斥股权激励，从而影响企业核心人才的工作积极性。基于此，让员工持股增强骨干员工的归属感就非常重要，这是能否留住骨干员工的一个关键点。

很多跨国企业通过股权激励的手段来留住骨干员工。例如，奔驰公司就向其员工配置企业盈利股票。这是奔驰公司发行职工股票后采取的又一种刺激员工工作积极性的手段。

据了解，奔驰公司把企业盈利股票、职工股票、刺激个人积极性三者有效地融为了一体。一般来说，企业的盈利股票取决于年终结算。当企业业绩较好时，企业向员工配置的盈利股票就越多，倘若企业业绩较差，那么配置给员工的股票就较少。

除了给员工配置盈利股票外，员工还可以购买员工股票。有 40%—50% 的奔驰公司员工购买了员工股票，把自己所持的奔驰公司股份当作存钱罐，而不是到期后就得尽快变成现钱的有价证券。甚至有的奔驰公司员工认为，自己认购的股票越多，得到的补贴也就越多。

奔驰公司盈利股票加员工股票的做法，起到了互补的激励作用。由于一年的盈利股票是当年就支付红利，起着短期的刺激作用；员工股票相对来说是长期的，促使员工关注奔驰公司的股票行情，随着股票行情的变化而关注奔驰公司的兴衰存亡，增强了员工的认同感。

鉴于此，员工持股是人才变股东，也是留住骨干员工的一个“撒手锏”。对此，南方基金首席策略分析师杨德龙在接受《第一财经日报》采访时坦言：“员工持股计划是上市公司留住优秀员工的手段，在国外被称为金锁链，对提高员工的积极性及股价中长期影响是正面的。”

自 2014 年 6 月证监会发布《关于上市公司实施员工持股计划试点的指导意见》以来，相继有多家上市公司宣布开展员工持股计划，包括伊利股份、通源石油、奥康国际、海普瑞等。

2014年10月27日，内蒙古伊利集团推出员工持股计划引来广泛关注之后，中国平安在次日也相继推出员工持股计划。

中国平安在《核心人员持股计划（草案）》中称："（四）本持股计划面向中国平安集团及其下属子公司的核心人员，购股资金来源为计划持有人的合法薪酬与业绩奖金额度。（五）本持股计划委托第三方管理。受托方必须符合法律法规对资产管理资质的要求，为本持股计划设立专门的资产管理计划，以法律法规允许的途径购买和持有中国平安股票。（六）本持股计划每年所购买的公司股票自中国平安集团发布标的股票过户至本期持股计划名下的公告之日起设立不少于12个月的锁定期。锁定期内不得进行交易，锁定期结束后基于中长期业绩考核机制，挂钩业绩结果分年度、由计划持有人提出申请后归属至计划持有人。"①

中国平安发布的《核心人员持股计划（草案）》足以说明，中国平安推出核心人员持股计划，旨在留住人才。一直以来，中国平安被戏称为金融业的"黄埔军校"，其高管被频频挖角，如在中国平安服务了十多年的"少帅"顾敏被挖到腾讯微众银行任董事长。

中国平安亦称，该项计划将强化中国平安的长期价值导

---

① 中国平安保险：《中国平安保险（集团）股份有限公司核心人员持股计划（草案）》，2014年10月。

向，使核心人员更紧密地与股东、公司的利益保持一致，专注于中国平安公司长期业绩的持续增长，更好地推动股东价值提升，促进中国平安的可持续发展。

2. 把员工变成股东

在中外的公司激励手段中，一般都愿意把人才变成股东，让他们更好地为企业服务。例如美国科用公司。科用公司是一家高技术研究和工程公司，创业之初，科用公司就把“激励员工”“留住人才”“把员工变成股东”作为自己的战略。如今，员工拥有科用公司 90% 的股权，其余 10% 掌握在顾问和高管手中。科用公司规定，员工持股者一旦从科用公司离职，科用公司必须把所持股份回购。

根据科用公司公开的数据显示，在科用公司工作至少 3 年的员工中，那些从未购买科用公司股票的员工，其流动率为 12%，而那些购买了科用公司股票的员工，其流动率为 5 %。

在科用公司，只要员工为公司揽得一份新的合同，该员工就有机会获得额外购买与合同金额成一定比例的股票。

这只是科用公司精心为员工设计的退休、股票购买和股票奖励计划制度的一部分。另外，科用公司为了奖励和留住极其出色的员工，还制订了一些股票奖励计划。

具体办法是：科用公司每年都留出一部分股份，根据员工个人的工作表现，科用公司将其作为可选择购买的股票或作为资金提供给员工。为科用公司赢得合同的奖励就属此列。到年终时，约有一半的员工得到股票。一般地，员工选择购买的股票和奖励的股票4年后归员工个人。

据科用公司介绍，公司实行股权激励，推行认股权制，扩大员工参股面，提倡知识管理与激励，充分挖掘人的潜力，每年拿出一定额度的股票用于奖励出色的人员，每年选出200名公司未来领导者，赠给每人2.5万美元的公司股份，7年后归个人，科用公司靠创新机制和创新精神，实现了产品技术和市场的不断创新，使企业“人本资源”潜力得到充分发挥。[1]这种归属有待落实的股票为企业与员工提供了无形的“胶水”：一旦员工离开科用公司，那么他们就将丧失这一切。

与规定员工一旦离开公司必须将其所持的股份卖回给公司的其他私营公司不同的是，科用公司的员工可以通过科用公司登记注册的经纪人交易公司——布尔公司彼此进行交易。

简而言之，科用公司在内部构建了一个股票市场，员工都可以在该市场内买卖股票。不过，该市场只针对科用公司的员工开放。

当然，对于员工持股存在争议。原因是，一旦实行股权激励，倘若操作不当，又容易抬高人力成本，出现分配不公、股权纠纷等新问题。不过，科用公司不管员工持股是有利还

---

① 姜菁：《名企“创新”亮点》，《职业》2006年第4期。

是不利，其股票一直是成长性极棒的股票。过去 5 年和 10 年，科用公司股票年收益率分别为 18.4% 和 14.3%，科用公司的 2.5 万名职员中有好几百人成为百万富翁。毫无疑问，在未来公司的发展中，还有更多的员工将成为百万富翁。

3. 微软公司的期权股票

在胡润 2015 世界富豪排行榜上，微软创始人比尔·盖茨（Bill Gates）再次成为世界最富有的人，其个人财产达到 5200 亿元人民币。除了世界上经济最发达的 18 个国家之外，没有哪个国家比他更富有，见表 6–2。

表 6–2　2015 胡润全球富豪排名

排名	姓名	财富（亿元人民币）	主要公司	行业	年龄	居住地
1	比尔·盖茨	5200	微软	投资	59	美国
2	卡洛斯·斯利姆·埃卢家族	5100	美洲电信	投资	75	墨西哥
3	沃伦·巴菲特	4600	伯克希尔·哈撒韦	投资	84	美国
4	阿曼西奥·奥特加	3400	印第迪克	单品牌零售	78	西班牙
5	拉里·埃里森	3300	甲骨文	科技	70	美国
6	伯纳德·阿诺特	2700	路威酩轩	单品牌零售	65	法国
7	马克·扎克伯格	2700	Facebook	科技	30	美国

为了让这样一个庞大的企业帝国能够留住和吸引人才，创始人比尔·盖茨在考虑劳资双方的利益分配时就确定了普遍的公司股票分配方案，以股票期权的方式让员工共享产权。

当然，比尔·盖茨这样做，不仅让微软公司能够留住骨干员工，同时对微软之外的人才也具有相当的吸引力。具体的做法是，微软公司在激励员工时，有年度奖金和给员工配股两种手段。

一般来说，当一名员工在微软公司工作 18 个月后，该员工就可以获得微软公司认购权中 25% 的股票，此后每 6 个月可以获得其中 12.5% 的微软公司股票，10 年内的任何时间都可以兑现全部认购权。每 2 年还配发新的认购权。

此外，微软员工还可以用不超过 10% 的工资以 8.5 折优惠价格购买微软公司的股票。这样的激励制度对留住员工很有效，也非常有长久吸引力。

根据微软公司公开的资料显示，在微软公司，工作 5 年以上的员工流失率非常低，是因为持有股票的微软员工有许多人都成了百万富翁。

众所周知，留人关键在留心，留心的关键在于让骨干员工成为企业的主人，让骨干员工与企业同生共死。

大量事实证明，仅仅用高薪水、高奖金激励骨干员工，已经不足以吸引和留住骨干员工了。而通过购股选择权和其他建立在股份基础上的鼓励措施，对于留住不安心工作的骨干员工是极其有效的。

威廉·默瑟咨询公司进行的一次调查显示，美国最大的公司中给予一半以上员工以购股选择权的占30%，而5年前这一数字仅为17%。上市公司的股东们正在以前所未有的速度积累财富。

这种变化说明，给骨干员工购股选择权之所以比高薪、高奖更有吸引力，是因为购股选择权不仅是一种物质激励，更是一种精神激励，即将骨干员工的个人命运与企业的发展捆绑在一起。

从长远的角度来分析，购股选择权不同于一次性的高额奖金，只要骨干员工认购了股票并保持，骨干员工就可以永远“坐收”由于其奉献带来的丰厚利润。如同栽下一棵树，长大后的树连同一年一度的果实都归骨干员工所有，这种股权分享对骨干员工更有吸引力。

在微软公司，对员工的业绩考核采取经理和员工双方沟通的形式。每财政年度工作开始时，经理会和员工总结上年度的工作，并针对做得不到位的地方指出改进方案，然后制定出新一年的工作目标。

当然，工作目标通常以报表的形式列出员工的工作职能和工作目的，经理和员工双方讨论后确定。半年时间过后，经理一般会拿出工作目标表与员工的实际工作进行对比，作一次年中评价。

年底时，经理会根据员工的实际工作业绩与工作目标表进行对比，最后得出该员工的工作表现等级，依此来决定该员工的年度奖金和配股数量。

该办法的作用非常大，不仅能够使微软公司的发展目标与员工的业务目标结合起来，使员工有了清晰的工作方向，同时员工也可以提出自己实现目标希望微软公司给予什么样的发展和培训机会。这样的双向沟通形式就不是一个简单的目标制定，而是微软公司尊重员工、发展员工主动性的体现。

三、为骨干员工提供培训

对于很多传统企业管理者来讲，必须转变培训骨干员工的观念，重新认识对骨干员工进行培训的重要性。遗憾的是，很多企业管理者对培训骨干员工的认识不够，观念存在差距，有些企业管理人员甚至认为培训是可有可无的事情。这就造成骨干员工培训存在诸多问题。因此，企业管理者必须清楚地认识到，当前的经营状况良好并不意味着未来经营状况将更好，一旦缺乏对骨干员工培训，可能导致经营状况很难达到目标甚至导致失败。许多成功企业的经验都证明了这一点。

一项可靠的研究结论表明，企业每投入 1 美元培训费，可以在 3 年内实现 30 美元的生产收益。这样的数据足以说明，企业经营者必须意识到，对骨干员工的培训不是白投资，更不是为竞争者作嫁衣裳，而是企业持续发展的动力。

1. 培训是最好的福利

为骨干员工提供多种培训机会，为他们的成长和发展提供必要的空间。随着骨干员工越来越个性化，仅仅凭借优厚的薪水已不能留住骨干员工了，只有与其他的如培训、福利、住房补助、员工持股计划等激励手段相结合方能生效。

事实上，企业给骨干员工提供一个学习及职业成长的工作环境，为骨干员工提供升迁和发展的平台，这为成功留住骨干员工打下了坚实的基础。

在人力资源管理中，企业经营者需要根据自身的实际情况，为不同的骨干员工提供差异化的培训内容。大量事实证明，很多民营企业由于种种原因，在完成原始积累、进行二次创业、欲实现更大飞跃时，往往陷入困境，其中一个最典型的原因是受到人力资源制约的问题最为突出。鉴于此，企业管理者就必须通过对骨干员工培训，提升骨干员工的整体素质，进而提高企业的整体素质。首先，科学完善的培训能够吸引和留住骨干员工，满足骨干员工的发展需要，激发骨干员工的生产积极性，将产生良好、持久的影响。其次，为了把普通员工培养成骨干员工，人力资源部门需要建立一套完整的骨干员工培训计划，既有全员性的培训，又要根据不同层次的骨干员工及其具体的工作性质，制定不同的培训目标和深度。具体包括：

第一，知识的培训。通过培训，使得骨干员工具备完成其工作所必需的基本知识，了解企业的经营发展战略、目标、方针、规章制度，以及知识的及时更新，增强骨干员工对企业的认同感。

第二，技能的培训。通过技能培训，使得骨干员工掌握完成其工作所必备的技能。例如，谈判技能、操作技能、处理人际关系的技能等，以此培养、开发骨干员工的潜能。

第三，工作态度的培训。骨干员工的工作态度如何，对员工的士气以及公司的绩效影响很大。因此，企业管理者必须通过对骨干员工的培训，建立起企业与骨干员工之间的相互信任关系，提升骨干员工对企业的忠诚度。所以，在培训的过程中，其具体的培训项目可以设计为：时事政策、追求卓越心态、安全与事故防范、企业文化、团队精神、人际关系技能、全员质量控制、时间管理、客户关系、个人电脑实务等。

2. 西门子员工培训体系

许多跨国企业之所以能够吸引和留住众多骨干员工，除了提供高薪和创造良好的工作环境之外，较为先进和完善的骨干员工培训体系也是其中一个非常关键的原因。在这里，我们以西门子为例进行剖析。

1847 年 10 月 1 日，维尔纳·冯·西门子（Ernst Werner von Siemens）在其发明的使用指针来指出字母顺序而不是莫尔斯电码的电报技术基础上建立了公司，距今已经超过 170 年。2018 年，西门子实现销售收入 915 亿美元。

西门子能够取得如此辉煌的业绩，离不开西门子公司创造了独具特色的、涵盖整个流程的培训体系。这个培训体系主要分为两个方面：第一，西门子的员工培训计划从新员工培训、大学精英培训到骨干员工再培训。第二，培训包括业务技能、交流能力和管理能力的培育。

上述两个方面的培训为新员工具有较高的业务能力，大量的生产、技术和管理员工储备，骨干员工知识、技能、管理能力的不断更新和提高提供了保证。

（1）新员工培训

新员工培训，又称第一职业培训。在德国，一般是针对15—20岁的年轻人，他们中学毕业后暂时不打算进入大学学习。在德国，中学毕业生中有60%—70%接受第一职业培训，20%—30%选择上大学。

一旦新员工想要参加工作，必须先在企业接受3年左右的第一职业培训。在第一职业培训期间，新员工要接受双轨制教育：在一周5天工作时间内，其中3天在企业接受工作技能培训，另外2天在职业学校学习相关知识。

第一职业培训不仅可以让新员工在工厂学到基本的熟练技巧和技术，而且可以在职业学校受到相关基础知识教育。

通过接近实战的作业，新员工的职业能力及操作能力都会相应地得到大幅度的提高。由于企业内部的培训基本上使用的是技术最先进的培训设施，这就有效地保证了第一职业培训的高水平。

事实证明，由于第一职业培训理论与实践结合，第一职业教育证书在德国经济界享有非常高的声誉，同时也为年轻人顺利进入企业工作开了绿灯，深受年轻人欢迎。

1992年，西门子公司拨专款设立了专门用于培训工人的学徒基金。如今西门子公司在全世界拥有60多个培训场所，如总部慕尼黑设有维尔纳·冯·西门子学院，在爱尔兰设有技术助理学院，它们都配备了最先进的设备，每年培训经费近8亿马克。目前已经有上万名学徒接受了西门子第一职业培训，大约占骨干员工总数的5%。他们学习工商知识和技术，毕业后可以直接到生产一线工作。正因为如此，对新员工的第一职业培训，不仅保证了新员工一正式进入西门子就具有很高的技术水平和职业素养，也为西门子的长期发展奠定了坚实的基础。

（2）大学精英培训

在西门子的培训体系中，每年都在全球接收上万名大学生，也制定了专门的培训项目。进入西门子的大学毕业生，首先需要接受综合考核。考核内容包括专业知识、实际工作能力和团队精神。根据对这些大学毕业生的考核结果，西门子公司给员工安排适当的工作岗位。

此外，西门子公司还从大学生中选出30名尖子进行专门培训，培养他们的领导能力，一般的培训时间为10个月，主要分三个阶段进行。

第一阶段，让30名尖子全面熟悉西门子公司的情况，学会从互联网上获取信息。

第二阶段，让30名尖子进入一些商务领域工作，全面熟悉西门子公司的产品，并加强他们的团队精神。

第三阶段，将30名尖子安排到下属企业（包括境外企业）承担具体工作，在工作中获取实践经验和知识技能。

（3）西门子员工五级别在职培训

在西门子公司，人才培训的第三个部分就是员工的在职培训。一般地，西门子公司的员工在职培训和进修主要分为两种：一是西门子管理教程，二是在职培训员工再培训计划，其中管理教程培训尤为独特和成效卓著。

在西门子员工的管理教程中，又分为五个级别，各级的培训又分别以前一级别的培训为基础。员工培训从第五级别到第一级别，所获的技能是依次在提高，其具体培训的内容如下，见表 6–3。

表 6–3　西门子五级别培训内容

级别	培训对象	培训目的	培训内容	培训日程
第五级别：管理理论教程	具有管理潜能的员工	提高参与者的自我管理能力和团队建设能力	西门子企业文化、自我管理能力、个人发展计划、项目管理、了解及满足客户需求的团队协调技能	与工作同步的一年培训，分别为为期 3 天的两次研讨会和一次开课讨论会
第四级别：基础管理教程	具有较高潜力的初级管理人员	让参与者准备好进行初级管理工作	综合项目完成、质量及生产效率管理、财务管理、流程管理、组织建设及团队行为、有效的交流和网络化	与工作同步的一年培训，为期 5 天的研讨会两次和为期 2 天的开课讨论会一次

续表

级别	培训对象	培训目的	培训内容	培训日程
第三级别：高级管理教程	负责核心流程或多项职能的管理人员	开发参与者的企业家潜能	公司管理方法、业务拓展及市场发展策略、技术革新管理、西门子全球机构、多元文化间的交流、改革管理、企业家行为及责任感	一年半与工作同步的培训，为期5天的研讨会两次
第二级别：总体管理教程	必须具备下列条件之一：（1）管理业务或项目并对其业绩全权负责者；（2）负责全球性、地区性的服务者；（3）至少负责两个职能部门者；（4）在某些产品、服务方面是全球性、地区性业务的管理人员	塑造领导能力	企业价值、前景与公司业绩之间的相互关系、高级战略管理技术、知识管理、识别全球趋势、调整公司业务、管理全球性合作业务	与工作同步的培训两年，每次参加为期6天的研讨会两次
第一级别：西门子执行教程	已经或者有可能担任重要职位的管理人员	提高领导能力	根据参与者的情况特别安排	根据需要灵活掌握

资料来源：李淑娟：《中国企业培训的国际差距——西门子企业培训剖析》,《继续教育》2007年第5期。

西门子公司的培训给企业管理者的启示是：对骨干员工的培训可以让他们感受到自己被企业管理者重视，这不仅增强了骨干员工自身的忠诚度和责任感，而且大大降低了人力资源的投资成本。因此，无论从降低人力资源投资成本的角度分析，还是从完成企业配套骨干员工的角度分析，企业管理者都必须把重点放在骨干员工的内部培养和培训上。

第七道防线

建立骨干员工岗位问责机制

对骨干员工来说，一旦管理者不经常对他们的岗位工作进行评估检查，往往就认为工作任务完成得怎么样都行，反正没有管理者来考核他们的业绩。

基于此，骨干员工就会懈怠。有时候骨干员工懈怠也并不是他们有意为之，而是他们认为一旦无人检查，就意味着岗位工作并不重要，干与不干，或者执行到位与否都没有关系。

这就要求管理者经常评估检查骨干员工的工作效率，才能确保骨干员工具备强烈的岗位责任意识。当然，要达到这样的管理效果，建立健全的骨干员工岗位问责监督制度，对骨干员工岗位效率进行定期或不定期的检查评估就势在必行，这样才能更好地留住骨干员工。

一、推行骨干员工岗位责任制的六个要点

任何一个骨干员工在拥有自己岗位的同时，还必须要承担起自己相应的岗位责任。一旦骨干员工在完成工作任务时出现问题，就必须按照岗位问责制来执行追责。骨干员工只有明确了自己的岗位责任，才能更好地承担岗位工作。

有的骨干员工工作之所以经常出现问题，就是因为岗位问责制落实不到位，或者岗位责任不明确造成的。采访发现，很多骨干员工把自己本该承担的岗位责任当成与自己无关，所以没有尽心尽力地完成。因此，骨干员工认清自己的岗位责任，清楚哪些工作任务是骨干员工自己分内必须完成的，哪些工作任务是骨干员工在做好分内工作的基础上才完成的，才不至于顾此失彼，才能做到主次兼顾，才会把决定要做的工作执行到位。

1. 岗位问责制的六个要点

岗位职责是责任、权力与义务的综合体，权力有多大，其承担的责任就有多大，该尽的义务就有多大，任何割裂的做法都会引发新问题。一旦岗位职责不明确，骨干员工就不知道应该干什么、怎么干、干到什么程度。当企业推行岗位问责制

时，管理者应该注意以下六个要点：

（1）明确岗位责任

在实施岗位问责制过程中，管理者必须明确岗位责任，通过制度明确工作分工和岗位工作责任，对各个岗位做出尽可能完备、细致的规定，同时明确制定不同层级之间的责任，以便在实施责任追究时能够确定相应的责任主体，也让骨干员工真正清楚自己岗位所负责任的内涵，认识到履行责任的重要性和必要性。[①]

（2）明确工作事项

管理者对企业年度工作，必须根据自身发展规划，制定出明确的目标和指标，例如，产值、任务开发、综合效益、安全质量等。

对于日常的事务性工作岗位，管理者要求各部门和各项目组根据年度目标，每月底上报次月工作计划，由办公室汇总后用电子邮件下发。月底对照月初工作计划进行总结和分析，再制订下月工作计划。

（3）制定岗位问责制文件

在制定岗位问责制的各种文件过程中，管理者必须清楚三点：一是确定岗位问责制的事项，明确出现什么样的问题才能启动岗位问责制程序；二是规范岗位问责制程序，当岗位问

① 参见钟正辉：《施工企业推行问责制浅析》，《职业圈》2007 年第 1 期。

责事项发生后，启动岗位问责制程序的负责人如何确定岗位问责对象、如何核查、如何追究等；三是充分保证被问责人的申辩和申诉权利，岗位问责决定一旦作出，被问责人在一定时间内享有申诉的权利。

（4）实施岗位问责制

管理者在考核和监督检查中，当发现岗位问责事项后，相关部门必须根据岗位问责制度，立即启动岗位问责程序，同时按照岗位职责和工作安排，确定岗位问责的对象，真正做到问人与问制同时进行。

一旦问题发生，管理者不仅应该对骨干员工进行问责，还必须进行制度层面的问责，改进企业制度，深究事故产生的根源，查清问题到底是发生在哪个环节。是制度存在缺陷，是执行不力，还是监督未能到位？

（5）加强岗位问责制配套制度建设

有效实施岗位问责制，需要得到健全的相关配套制度的支持。因此，管理者应本着与时俱进的原则，对现有的规定、制度认真进行修改和整合，以增强其适应性（针对性和可操作性）。

同时，管理者必须本着开拓创新的原则，有针对性地推进相关制度的建设。在这里，管理者既要着力解决有关岗位问责的实体性规范的空当问题，又要着力解决现有制度有关问责规定的细化和配套问题，以及着力解决确保岗位问责制度都能得到有效的运用和执行的程序和机制问题。

（6）营造浓厚的岗位问责文化

当岗位问责制度和相关配套制度制定后，管理者只有带头以身作则地倡导并实施岗位问责制，才能让骨干员工共同遵守。

2. 营造浓厚的岗位问责文化

一些企业，特别是中小企业在发展初期企业制度制定得不完善，或者有制度而不执行，结果导致问题不断。

P 培训公司制定了一整套严格规范的管理制度，规定如下：

第一，上班迟到一次罚款 50 元，并扣发当日工资；

第二，上班期间，所有骨干员工必须佩戴工作牌，凡不佩戴者给予通报批评，并扣发当日工资；

第三，一个月连续迟到三次者开除；

……

这套制度颁布后，由行政部按制度规定对不佩戴工作牌和上班迟到的骨干员工进行处罚。

制度颁布一周后，采购部经理上班迟到两分钟，同时又没有佩戴工作牌，行政部经理要按制度规定对采购部经理进行处罚。

采购部经理却拒绝缴纳罚款，并坦言："我今天迟到两分钟，主要是因为昨晚为公司加班到凌晨两点，不应该被处罚；同时，工作牌没有戴是因为刚刚到办公室继续处理昨晚没有做完的采购方案，所以也不该处罚。"

行政部经理和采购部经理就争执了起来。行政部经理表示："培训公司目前并未有'头天晚上加班第二天早上就可以迟到'的正式规定，况且，其他部门很多骨干员工也经常加班，第二天早上并未迟到。再者，制度上没有规定如果早上由于工作太多而忘了佩戴工作牌可以免予处罚，因为公司每个部门早上的工作都很忙。"

采购部经理听完行政部经理的解释之后，表示不同意这种观点，还表示要罢工一天，当即与采购部另外 5 位采购员离开了公司。

在 P 培训公司，采购部直属总经理分管。当总经理出差回来后，行政部经理第一时间向总经理汇报采购部经理迟到和没有佩戴工作牌的事情，并坚持让总经理对采购部经理按照制度规定进行处罚。

一刻钟后，采购部经理到总经理办公室汇报了其迟到和没有佩戴工作牌的事情，并指出自己行为的合理性和公司制度的不合理性。

当天下班时，行政部经理再次到总经理办公室询问采购部经理迟到和没有佩戴工作牌一事的处理意见，总经理的意见如下：

第一，采购部经理为了公司发展加班到凌晨2点，主要是为了制定更加合理的采购方案。采购部经理正在与几个重要供应商谈判签约事宜，如果现在就按制度严格执行，万一把采购部经理惹急了，提出辞职，就无人能够代替他的工作，必然会影响正常的采购业务。

第二，采购部经理迟到和没有佩戴工作牌的事情留待以后处理，以避免激化矛盾。

第三，今晚7点，在粤港大酒楼宴请采购部经理与行政部经理，目的是化解二者的误会。

第四，采购部经理能力很强，但个性也很强，容易与人发生冲突，容易出现情绪化，因此必须照顾有个性的骨干员工。

第五，行政部经理在处理采购部经理迟到和没有佩戴工作牌的事情上也过于简单，对于某些特殊人物不能够像对待普通骨干员工那样。

……

几个月过去了，总经理压根儿没有处罚采购部经理的意思。此事也就不了了之，没有任何结论。

然而，行政部经理的工作可就不好做了。当再按制度规定对违规骨干员工进行处罚时，行政部经理听到骨干员工说得最多的话就是——“你就只敢处罚我，你有本事去处罚采购部经理”。

这样的话让行政部经理非常尴尬。从此以后，P 培训公司考勤制度的执行力度大为下降，上班迟到、不佩戴工作牌的情况经常发生，结果使 P 培训公司管理混乱不堪。

上述案例出现的问题，说明该企业还处于创业阶段。据了解，在高速发展的创业阶段，企业往往没有制定严格的制度，同时也没有必要制定如此多的条条框框，摆在该企业面前最主要的任务是怎样将企业做强、做大，让企业能够站住脚。在这样的背景下，企业制度仅仅是为了规范发展而已。

当企业发展到一定规模后，如果企业仍然依靠口头式管理，而没有制定相应的制度或者不严格执行已有的制度肯定不行，会最后导致令出多门，骨干员工不知道该如何干，干到何种程度，执行力自然跟不上，工作效率就不行，竞争力无疑就下滑，倒闭也不过是迟早的事情。

基于此，管理者只有让骨干员工尤其是中高层管理者带头参与，让骨干员工真正地参与企业的管理，才能营造浓厚的岗位问责文化，才能更好地留住骨干员工。

具体的做法是：管理者通过运用各种方法和工具，让管理者和骨干员工一起研讨：为什么要实行岗位问责？为谁问责？岗位问责的目的是什么？岗位问责制如何达到目的？以什么样的思维来对待岗位问责？

二、厘清企业责权关系的三种方法

在很多企业，当部门规模很小时，部门经理会自觉担负起全部职责，从而提升了管理效率。然而，当企业规模日益膨胀，部门规模日益扩大之后，部门壁垒产生，管理沟通成本也就相应增加。

在这样的背景下，简单地制定公司制度已经不适应企业发展的需要了，企业在适当的时机变革管理自己的手段就势在必行。对此，管理思想家迈克尔·哈默（Michael Hammer）在接受美国《商业周刊》采访时强调："创造价值的是流程而不是部门。"他的观点正被日益进步的企业家和管理人士所接受。

其实，迈克尔·哈默建议企业家采用流程来管理企业，目的还是更好地将职责明确。在企业管理中，如果企业各个部门都是静止不变的，某一岗位一旦设置，就存在一定的岗位职责。而当企业规模增大时，如果其岗位职责依然不变，就会阻碍企业的发展。

1. 扯皮推诿、职责不清的根源

实施流程管理必须转变观念，转变思维方式，将职责划到岗位。如果不能落实岗位的职责，就是虚伪的职责，扯皮推诿、职责不清的根源就在此处。

F文具实业公司是一家规模很小的文具品生产公司，主要生产各类中性笔和办公学习用品。由于金融危机的影响，F文具实业公司的订单越来越少，已经陷入困境，濒临倒闭。

然而，好运还是降临了，该区教育局决定对F文具实业公司采购一批考试专用笔。然而，就是这批考试专用笔，彻底暴露了F文具实业公司职责不清的大问题。

当F文具实业公司销售部经理马占山接到教育局考试办主任林学文第二天就需要考试专用笔的电话后，马占山立即打电话通知仓库库管张康将考试专用笔准备好，张康却说这批考试专用笔压根儿就没有入库。

马占山意识到问题非常严重，十万火急地到后道车间去查看。结果发现这批考试专用笔就放在装配机旁。原来，后道车间装配组已通过装配机把这批考试专用笔的笔芯装进了笔杆，并装在塑料筐里。

其实，只需要将笔装进小纸盒再装进外包装纸箱，打上包装带就可以发货了，时间最多20分钟。

马占山告诉后道车间主任方军："教育局晚上10点会亲自派人来提货。"

方军自信满满地说："这项任务我来处理就行了，不过是小事一桩，你就准备接待教育局的同志吧。”

于是，方军找到综合组长高魁，让高魁赶快派骨干员工把考试专用笔包装好。高魁却说：“你没有看见装配组的骨干员工都在玩手机，而我们组的骨干员工非常忙，就连上厕所的时间都没有。”

方军觉得高魁说得有道理。于是，他又找到装配组长姜平说：“你们组的骨干员工现在都在休息，赶紧派几个人把笔给包装了，最多不过十来分钟。”

没想到姜平却说：“我的人是开机器的，不懂包装，何况包装笔是综合组的任务，我们不能抢人家的饭碗。”

于是，方军又回头找到高魁说：“装配组的人对包装不熟悉，加上你们是负责包装的，还是你派人把笔包装了。”

高魁一听这话就火了，说：“虽然平时包装货物是以我们为主，但那不过是一种自然形成的习惯而已，有时其他小组也包装过。公司的岗位职责里又没有规定一定是我们综合组负责包装，你这样安排是否不太合理？”

方军又找到姜平，说：“公司也没有规定一定是综合组包装，平时你们不也包装过吗？这次还是你派人把笔包装了吧。”

姜平却回答说：“说好听的，我们有时那样做是发扬部门互相配合的精神；说不好听的，是我们看在你的面子上。你知道吗？平时那些产品是大众用笔，无所谓，现在是政府用笔，万一有点儿差错我们可担当不起。更何况公司的岗位职责里也没有规定是我们装配组负责包装，我们这样做会吃力不讨好的。在我们公司里还是多一事不如少一事，免得多做多错。”

此刻，方军也不知所措了。当晚10时整，来提货的面包车到了。马占山把车带到仓库，发现笔还是没有入库。

马占山一路小跑着冲进后道车间，发现刚才那批笔还是没有包装好。两头着急的马占山只能打电话求助老板。

随后，老板直接指挥，终于把这件事完成了。就这样，本来一件20分钟可以解决的事，在两个小时后，才在老板的干预下，终于“圆满”地解决了。

老板握着考试办主任的手说着“对不起”的同时，还一边大声地批评下属：“你们执行力太差了！这点小事情都执行不到位，大事小事都要我过问后才能解决，你们太让我失望了！”

2. 厘清企业责权关系的方法

从上文案例中，我们可以看到，F文具实业公司虽然在后道车间的组织架构上设置了装配组和综合组，同时也将人员分配给了这两个组，却没有将这两个组的岗位职责进行明确界定，从而出现了因职责不清导致执行不到位的现象。后道车间主任方军现场管理上的失控，便是职责不清造成的。上述案例警示中国企业，在设置岗位时应明确各自的职责，千万不能模棱两可，这样就可能给部门与部门之间，骨干员工之间提供推诿的机会。

对此，西南财经大学彭达生教授撰文指出："不能死搬硬套其他企业的管理模式，必须根据企业自身规模和经营性质等实际情况来设置必要的、合理的组织架构，同时还要结合企业产品的工艺流程、工序特点。因此，在对职责范围进行规定时，应避免玩文字游戏，并应按小企业'一人数岗'的做法（在小企业里很多管理人员是'包山包海'的），尽可能地细化到让每个人知道自己应该做什么，知道这件事应该找谁，谁应该对这件事负责，从本质上改变因职责不清造成执行力低下的问题。"①

另外，对于以项目组的方式工作的企业而言，必须把这一项目组的职责由项目经理负责，因为职务一定是由一定的个体担任的，虽然获得或授予职务的方式多种多样，但可以肯定的一点就是职务是由"人"担任的，而不是由机构或部门担任。

在上述案例中，执行不到位的一个重要原因就是部门与

---

① 彭达生:《潮汕民营企业致命伤之四：职责不清造成执行力低下》,《潮商》2010年第1期。

部门之间没有明确的职责范围。

可能读者会问，作为管理者，像F文具实业公司面对因职责不清造成的执行不到位问题，管理者该如何解决呢？厘清企业的责权关系，方法有以下三点：

（1）重新审定组织结构和职责划分

在企业经营中，管理者必须根据企业自身的战略，科学合理地重新审定企业管理结构和职责划分。比如，一些企业发展过快，但是管理跟不上，特别是组织结构设置不合理，人员配置不到位，管理者就必须要求人力资源部了解组织结构滞后、职责划分混乱的真实原因，为企业的组织结构调整和各级职责进行划分提供科学的根据。

（2）运用科学合理的原则和标准进行职责划分

在企业经营中，管理者必须运用科学合理的原则和标准设计组织结构和职责划分。

（3）科学地运用职位分析工具厘清职责划分

在很多企业中，企业职责划分混乱，管理者要解决这样的问题，就要科学地运用职位分析工具厘清职责划分。

三、岗位问责制落实的两个步骤

要想提升岗位效率，管理者就必须明确地把岗位问责制落实到位。这不仅有利于整体提升企业的核心竞争优势，同时也有利于骨干员工对企业文化的认同。

事实证明，把岗位问责制落实到位对个人和整个企业的作用都非常重要。只有将岗位问责制融入骨干员工的血液，让其成为骨干员工日常的工作习惯，真正地把负责精神和落实意识贯彻于整个工作和行动之中，才是真正地把岗位问责制落实到位。因此，管理者只有把岗位问责制真正落实到位，骨干员工才能真正执行到位，勇敢地承担起自己的责任，企业的生存和发展才能成为可能。

1. 界定岗位职责

很多时候，由于职责不清而导致的企业部门经理之间的推诿扯皮有可能影响企业的整体效率，甚至让企业为此付出惨重的代价。

面对这种情况，管理者一旦已经清楚地认识到出问题是因为职责不明确，就应该进行职责界定。界定职责的方法是编制部门职能说明书和岗位职责说明书，以及各项工作流程。部门职能之间、岗位职责之间不能相互重叠，也不能存在管理或业务上的漏洞。部门职能说明书由经理签字确认，岗位职责说明由各岗位人员签字确认，要他们承诺履行这些职责。在岗位职责说明书编制时，每项职责要明确结果定义，写明负责什么事，由谁批准，给谁通过，提交给谁等，体现内部客户价值，这样的职责才能体现岗位价值。[①] 基于此，在职责界定中就更应该注重岗位职责管理，这样才能把岗位责任真正落实到位。

不可否认，在创业初期，由于许多初创企业规模较小，再加上很多骨干员工都是创始人的亲戚和朋友，其管理也就非常松散。但是随着企业规模的逐渐扩大，有的企业骨干员工达到上千名，或者上万名时，无论从规模还是人力资源管理上，原来的松散管理模式都已经不能适应大型企业的管理。

当然，从多数中小企业的日常管理来看，严格意义上的职责管理做得并不够。虽然很多中小企业也配备了一定数量的人力，但是并没有能够做到人员定岗，各负其责。职责的不明晰导致中小企业在日常运营中仍然出现许多人手不够的情况，服务质量不高，技术管理也是一塌糊涂。在这样的背景下，要想继续提升企业的岗位效率，实施岗位职责管理就成为该企业的当务之急。

明确岗位职责只是企业提升岗位效率的重要因素之一。

① 许玲:《广西 YY 软件公司人力资源绩效考核机制研究》，硕士学位论文，广西大学，2010 年。

企业要想达到预期的管理目的，仅仅明确各岗位的具体职责远远不够，还必须将岗位职责形成制度，尤其是岗位问责制。

管理者在制定岗位职责管理制度时，除了要明确各个岗位的职责，还要引入考核评价标准和绩效管理机制，围绕岗位职责将骨干员工选用、考评、监督、奖惩等各个环节有机地结合起来，这样才能制定出一套真正有效的岗位责任管理制度，才能在具体实施中做到有章可循，有制度可依。[①] 也只有这样，才能真正留住骨干员工。

2. 根据岗位问责制追究其责任

众所周知，要想骨干员工在工作中少犯错误，最好的办法就是让骨干员工了解错误带来的后果。管理者每立一项规章制度，就必须保证每一个骨干员工都贯彻到底，这样才能体现规章制度的重要性和真实性。

基于此，管理者在明确骨干员工的岗位责任后，实行层层责任制，这才是彻底落实岗位问责制的关键。比如，生产责任制，这是明确主要责任人以及各职能部门及相关人员在生产管理工作中应担负的责任制度，一旦某个骨干员工出现问题，将根据岗位问责制追究其责任。

在管理过程中，管理者制定岗位问责制后，落实是非常

① 许玲：《广西 YY 软件公司人力资源绩效考核机制研究》，硕士学位论文，广西大学，2010 年。

关键的。可能读者会问，为什么有的企业规章制度落实不到位呢?

关键就是岗位问责制落实不到位。当骨干员工、部门都没有认真落实各自的责任，就应该真正地问责。确保落实岗位问责制，要做好以下两个方面的工作：

第一，分清责任。按责任形式分为管理者责任和骨干员工责任，按责任行为可分为直接责任和间接责任。责任不清，看似谁都有责任，其实谁都无责任。这是管理中最可怕的事情，也是管理工作的大敌。因此，岗位问责制落实的前提是必须分清责任，明确岗位工作职责，通过培训，使各级人员掌握规章制度，明确各自职责，做到在其位，谋其政，尽其责。

第二，分解责任。管理者可以通过层层签订岗位责任书等形式把问责制落实到骨干员工，并用规章制度加以明确、规范，形成层层抓、层层管的全员参与的管理格局。真正地对生产起到防患于未然的作用，有效地进行责任评价和问责制，以确保岗位问责制落实。

基于此，从企业的角度看，把岗位问责制真正落实到位是管理者明智的决策，从而在把岗位责任真正落实到位的过程中实现岗位职责管理。

第八道防线

构建科学的骨干员工动态管理模型

形成一套完善的骨干员工管理体制，是留住骨干员工的有效管理措施。一方面，骨干员工是企业财富的主要创造者。一般来说，80% 以上的企业价值和利润是由 20% 的骨干员工创造的。另一方面，骨干员工是企业的竞争优势，是企业生产运营和发展壮大的动力源。

从上述两个方面来看，能否留住骨干员工对每一个企业关系重大。有效管理骨干员工、降低骨干员工流失率就成为许多企业管理者亟须解决的问题。

为此，华为创始人任正非告诫企业管理者说:“规范骨干员工管理，需要构建一套完善的骨干员工管理体制来保障。对公司而言，赢得了骨干员工就赢得了竞争的胜利，如果留不住骨干员工，公司将快速死亡。”

一、动态管理模型必须系统化、动态化

随着用工荒的出现，骨干员工已经成为企业经营者们争抢的对象。为了吸引和留住骨干员工，构建骨干员工动态管理模型就显得尤为重要。原因是，构建科学的骨干员工动态管理模型，不仅关乎企业的发展战略，还可以对骨干员工队伍进行规划。

在留住骨干员工的过程中，构建完善、科学的骨干员工动态管理模型，是确保以留住骨干员工为目的的激励、开发、吸引等动态化、系统化管理的关键。当然，构建完善、科学的骨干员工动态管理模型，必须建立在骨干员工流失预警机制与反馈评估机制的基础之上，让人力资源开发与管理活动效率最大化，有效防范由于骨干员工流失带来的诸多危机。

在功能设计上，建立完善的、科学的骨干员工动态管理模型必须与实现企业战略与人力资源管理能力相匹配，促成企业与骨干员工的交互式发展，最终实现共赢。

1. 骨干员工管理是一个系统工程

对于动态管理模型，业内专家众说纷纭，但比较一致的观点是骨干员工动态管理模型的设计思想必须系统化、动态化，因为骨干员工的特点决定了他们在企业生产运营和战略实现中的重要地位和突出作用，使他们成为企业重点保留的对象。

对此，业内专家王丹撰文指出："对骨干员工的管理便带有特定的含义，即从企业战略出发，加大对骨干员工的保留力度，尽可能延长骨干员工在企业的服务年限，在此基础上对其进行系统化的激励与开发，从而更多的员工成为企业的骨干员工，实现企业的发展目标。同时也应认识到，骨干员工管理是一个系统工程，不是人力资源管理中一句时髦的话，而是必须结合企业发展战略进行以留住骨干员工为目的的系统化、动态化管理。这成为设计骨干员工动态管理模型的基本思想之一。"[①]

在王丹看来，要求动态管理模型必须系统化、动态化的设计思想，主要源于对企业现有人力资源管理系统在保留骨干员工方面存在缺陷的思考。由于市场竞争的需要，如何吸引和留住骨干员工，激发骨干员工的创造性、工作责任感和工作热情已成为关系企业兴衰的重要因素。

在这样的背景下，构建完善、科学的骨干员工动态管理模型就成为一种必然趋势。在诸多企业中，人力资源管理系统通常缺乏避免骨干员工流失的风险防范机制，缺乏对骨干员工

---

① 王丹：《核心员工动态管理模型》，《中国人力资源开发》2004年第6期。

流失风险源的有效监控和风险预警。

当骨干员工提出辞呈时才意识到其流失的危机，这样的做法无疑使企业人力资源管理陷入被动之中。加上诸多企业人力资源管理系统缺乏必要的反馈评估机制，在日常工作中也没有注重多渠道收集骨干员工的反馈信息，更谈不上及时分析、整理出骨干员工流失或可能流失的真正原因了。因此，建立骨干员工流失预警机制和反馈评估机制就成为动态管理模型的重要依据，并以此作为人力资源管理工作的一项改进和评估依据，有效地防范了骨干员工流失的风险。

2. 动态管理模型设计以保留为目的

为了留住骨干员工，避免骨干员工流失危机的发生，王丹强调："骨干员工动态管理模型在设计上特别强调两点。其一，在对骨干员工进行以保留为目的的系统化开发与管理之初，建立骨干员工流失预警机制，目的在于预测可能存在的骨干员工流失风险源，通过对各个骨干员工流失风险源的实时监控，有效识别已出现的风险并在骨干员工流失前发出警报，以便于人力资源管理的各项工作主动做出相应调整。其二，建立骨干员工流动反馈评估机制，在骨干员工流动的事前、事中和事后重点收集他们有关企业各项管理活动全方位的反馈信息，并加以分析整理，及时调整各项活动，使整个人力资源管理系统不断适应通过这些信息反映出的企业内外环境的变化，在骨干员工的吸引、保留、激励和开发中做得更加完善，更符合企业的实际需要。”①

事实上，留住骨干员工不是一个简单的人力资源管理工作，它具有系统性、复杂性。为此，在构建完善、科学的骨干员工动态管理模型时，模型必须具有系统化、动态化的设计思想就成为现实。

当然，留住骨干员工还必须以企业战略为内在控制链为基础，因为系统化、动态化强调的是动态管理模型的动态性和整体性，这就要求构成系统的每一部分必须在统一的系统目标指引下有机整合，在整体互动中生存和发展。企业战略是骨干员工动态管理模型的系统目标，它使得对骨干员工施行以保留为目的的动态管理成为企业发展的重要手段，并决定了骨干员工的识别标准和管理重点，也提出了明确的个人绩效和企业绩效目标。配合企业战略，并以企业战略为内在控制链，保证了该系统模型在运行中不致松散扩张，削弱设计功能的发挥，为此，留住骨干员工不仅是一种战略，还是企业发展的核心。

① 王丹：《核心员工动态管理模型》，《中国人力资源开发》2004 年第 6 期。

二、骨干员工流失预警机制

构建骨干员工动态管理模型，是留住骨干员工的重要因素，对于企业基业长青和持续经营具有重要战略意义。为此，在建立骨干员工动态管理模型时，企业管理者应依据业务规划和职位评估确定骨干员工。

一般来说，职位评估可以通过问卷与访谈的方式进行，摸清骨干员工的主导需求满足水平与工作满意度，以此来分析外部人力市场的变化趋势，以及内部骨干员工的流失情况，判断骨干员工队伍未来的发展变化与业务发展匹配的情况，为实施系统化、动态化的骨干员工管理奠定良好基础。

1. 骨干员工流失内隐形态的四个阶段

骨干员工的流失不是突然发生的，通常需要经历由内隐形态向外显形态的转化过程。所谓内隐形态是指骨干员工的劳动关系没有变动，但是骨干员工已经不再安心在企业中工作了。所谓外显形态是指骨干员工的劳动关系和本人已经脱离了企业。

一般来说，当骨干员工流失表现为内隐形态时，流失过程就已经开始，其过程通常会经历抱怨、倦怠、抗拒和离职四个阶段，见图 8–1。

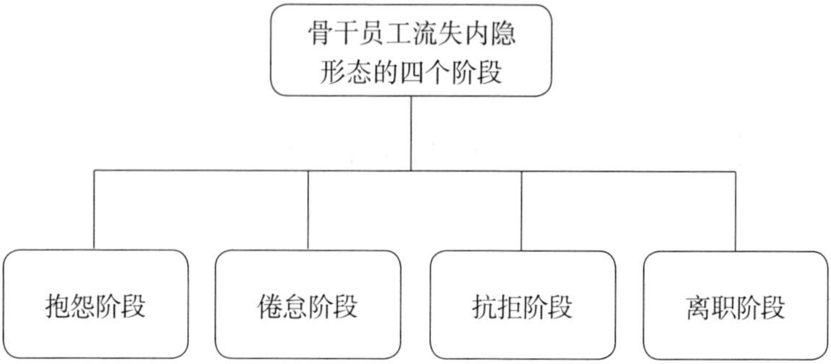

图 8-1　骨干员工流失内隐形态的四个阶段

（1）抱怨阶段

在该阶段，骨干员工最突出的表现是，经常在公开或者私下场合对某件事或者某人发表不满看法。

在此阶段，作为管理者必须做到以下几点：与骨干员工及时沟通，通过多种渠道搞清楚他们抱怨的真正原因；对骨干员工的不满或者抱怨态度和情绪给予充分理解；及时与他们面谈，澄清误解，引导骨干员工采取正确的工作态度。

（2）倦怠阶段

在该阶段，骨干员工最突出的表现是工作缺乏激情，工作得过且过，做一天和尚撞一天钟，工作态度极其恶劣，没有上进心。此时骨干员工尽管没有离职的打算，但是其工作态度极差，心情郁闷，容易抑郁和自闭。

在此阶段，管理者必须激发骨干员工的工作激情，分析骨干员工职业倦怠的真正原因，找出骨干员工主导需求并予以刺激，使其继续积极地工作。

（3）抗拒阶段

在该阶段，骨干员工最突出的表现是不安心本职工作，经常在公开或者私下场合对个别企业管理者持较强烈的反对情绪。

由于已经对企业管理者丧失了信心，骨干员工经常利用各种机会批评现有管理制度、措施，这样的对立情绪非常容易与企业管理者发生冲突，进行一定的破坏行为，甚至已经做好了辞职的准备，或者收集了其他企业的招聘资料，甚至已经与其联系过。

在此阶段，管理者解决问题的关键是缓和矛盾，转变态度，方法有如下几个：邀请该骨干员工亲近和信任的亲人或者朋友进行劝说，分析利弊得失；提高管理者干预的等级，必要时高层领导找该骨干员工面谈；征得该骨干员工本人同意，实行岗位轮换或者内部流动，或提供其培训学习。当然，对骨干员工破坏行为产生的后果，管理者也要明确其责任，按章处罚。

（4）离职阶段

此阶段的骨干员工去意已决，会主动找有关管理者表示离职的意愿和办理离职手续。

在此阶段，管理者解决重点的问题是尽可能挽留、善待骨干员工。留不住的骨干员工不强留，绝对不能故意刁难。必须维持骨干员工对现企业的依恋情感，为今后骨干员工的回流、协作打下基础。

2. 对骨干员工流失过程实施有效的阶段控制

导致骨干员工流失的原因很多，由于管理不善，有可能只因为一件小事就导致骨干员工辞职。因此，从抱怨、倦怠、抗拒和离职四个阶段的过程来看，越是具备骨干员工流失过程管理的前瞻，管理成本越低，成功率越高。

为此，管理专家裴春秀指出："第一，在员工流失过程的每一个阶段，都有不同的行为表现。通过分析这些行为表现，可以找到离职员工行为的规律性，为管理者实施过程控制提供依据。第二，在员工流失过程中，管理者的控制是一个非常重要的中间要素，管理者控制得当和不当，将对骨干员工留住与辞职的决定起重大影响作用。第三，在员工流失过程的每一个阶段，都存在挽留骨干员工的可能性。即使是骨干员工已经离职，仍存在回流的希望，千万不要放弃对骨干员工的挽留，在员工离职以后仍应继续。"①

在裴春秀看来，对骨干员工流失过程实施有效的阶段控制，能够产生阻断骨干员工流失的效果。因此，强化预警机制就显得非常有必要，当风险尚未出现或初见端倪时，企业管理者应立即采取预控措施，将风险消灭在萌芽中。

一般来说，骨干员工在就职最初的三个月到一年左右的

---

① 裴春秀：《人才流失过程控制》，《中国人才》2004 年第 12 期。

时间里，出现流动的概率较高。就职两年左右时，由于其上升通道不畅，或者企业管理者没有及时满足其变化的主导需求等原因，出现流动的概率也较大。随着骨干员工就职时间的延长，其流动概率会逐渐下降。

为此，管理者建立“分层次、有重点的骨干员工流失预警机制”就可以解决上述问题，按照骨干员工岗位的重要程度划分为初、中、高三个层级，每个层级内部按照骨干员工在本企业任职时间的不同划分不同的预警级别。企业管理者参照过往的经验判断和理论分析，预测可能存在的骨干员工流失风险源，实时监控各个风险源。一旦发现骨干员工出现流失倾向便立即发出警报，便于骨干员工管理各项工作及时跟进，做出主动应对与调整，并随之启动骨干员工流动反馈机制。这也成为骨干员工动态管理模型之“动态性”的体现。

3. 启动反馈评估机制的两个步骤

随着“大众创业，万众创新”的展开，骨干员工流动就成为一种必然趋势。为了能够有效地留住骨干员工，企业管理者在动态管理模型设计中必须强调骨干员工流动反馈评估机制，因为设计骨干员工动态管理模型必须以留住骨干员工为基础，并非否定合理的骨干员工流动和竞争。

这就需要发挥骨干员工流动反馈评估机制在留住骨干员工方面的作用。当预警机制有效识别了骨干员工的流失倾向，骨干员工动态管理就必须立即启动反馈评估机制，主要有如下两个方面：

第一，管理者通过及时有效的沟通，让骨干员工的离职真正原因得以反馈。

第二，骨干员工提出的不满意方面作为相应管理工作有效性、合理性进行评估的重要依据，与企业管理者的绩效考核及其结果应用直接挂钩，促成企业管理者对骨干员工反馈意见的重视和工作改善，以确保对骨干员工的管理真正能够进行动态调整，适应骨干员工需求的变化。

确实，在动态管理模型设计中必须强调骨干员工流动反馈评估机制这个问题。一般来说，骨干员工流动反馈评估机制由四部分组成：

（1）有离职倾向骨干员工的反馈评估

在此阶段，企业管理者强调反馈沟通旨在有效留住产生离职倾向的骨干员工。由于骨干员工刚开始考虑离职，企业管理者如果沟通迅速有效，立即启动的反馈评估工作极有可能有效疏导骨干员工对其工作岗位或者薪酬等诸多的不满，打消骨干员工的离职意愿，真正做到了留住对企业至关重要的骨干员工。

（2）即将离职骨干员工的反馈评估

在此阶段，企业管理者强调反馈沟通旨在收集具体的详细信息，为日后留住骨干员工提供基本的评估依据。在具体的面谈沟通中，谈话的主要内容是引导即将离职的骨干员工真实地讲出对目前企业各项制度、工作本身、工作环境、团队合作情况的看法和感受，甚至还可以利用骨干员工即将离职时没有个人顾虑的心理，鼓励骨干员工对企业的各项工作做出客观、真实的评价，并说出其离开企业的真实原因。

（3）已离职骨干员工的反馈评估

当已经离职的骨干员工在新就业企业里工作一段时间后，该离职骨干员工对原企业各项工作的评估结果和改进建议更为客观，当然其作用更加重要。

为此，企业管理者应主动建立离职骨干员工档案，在离职骨干员工三个月后与其联系。企业管理者得到此阶段反馈评估旨在获取公正、客观、不带偏见的反馈信息和建设性意见。企业管理者这样做，不仅把已离职的骨干员工当作外部智囊，同时与之保持经常性的联系还能吸引骨干员工“回槽”。

（4）各阶段反馈评估结果的分析和运用

当收集到骨干员工的反馈信息后，企业管理者必须分析和运用各阶段反馈评估结果：第一，检验沟通反馈所获信息的有效度，尽量剔除不真实信息的干扰；第二，对所获信息进行汇总，分析骨干员工的离职原因并与相应的管理工作一一对应，以反馈评估的结果作为各项工作绩效考核的基本依据，与相应主管的薪酬、职位变动等直接挂钩；第三，对于已发现的管理漏洞和相关问题，人力资源部有责任也有权力提请相关部门改进工作，并负责监督。

三、建立高效的骨干员工管理系统

人才竞争是市场竞争的核心之一。为了稳定军心并不断吸纳骨干员工，企业必须采用现代化的人才管理方法。因此，先进的人力资源管理系统越来越引人注目。人力资源管理系统用集中的数据库将几乎所有与人力资源相关的数据（如薪资福利、招聘、个人职业生涯的设计、培训、职位管理、绩效管理、岗位描述、个人信息和历史资料）统一管理起来，形成了集成的信息源。

在经营中，大多数企业管理者都是营销高手或者技术专家，在专业领域内能力较强，但是在如何有效运作企业、管理团队方面却存在不足，甚至是知之甚少。当企业迅猛发展，成长到一定规模时，往往无法依靠企业管理者自身能力来有效解决沟通协调成本上升、运作效率降低等问题。

在这样的背景下，民营企业要想突破发展瓶颈，必须依靠团队来管理企业。由于一些民营企业内部缺乏人才储备，这就不得不引入职业经理人。

在人才信用机制严重缺乏的情况下，在引入合适的人才的同时，有效地降低用人风险，防止人事地震是企业管理者不得不面临的问题，也是非常重要的急需解决的课题。

然而，由于一些企业管理者只关心引入职业经理人的工作能力，忽略其品德和忠诚等因素，结果引发民营企业的危机，为此付出沉重的代价。因此，在引入人才时，评估用人风险就势在必行。因为这是降低用人风险的一道屏障。

1. 人力资源危机成为中外企业最凸显的危机形式

自 2005 年以来，不管是中国大陆地区的本土企业，还是位列世界 500 强的跨国公司，都频频陷入各类人才危机当中。

据零点的调查数据显示，当前企业最常面临的前三种危机依次是人力资源危机、行业危机、产品 / 服务危机，见图 8-2（注：此图是零点调查的相关数据。其中人力资源危机包括员工离职率高、重要中高层管理人才意外离职或被解雇以及

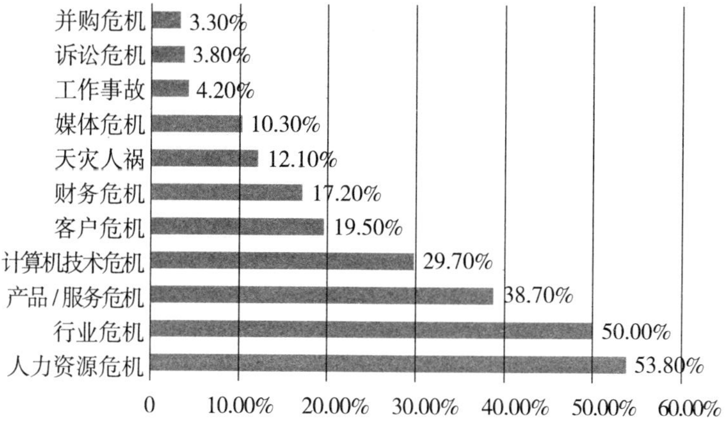

图 8-2　企业经常面临的危机类型

突然逝世；其他危机包括财务、媒体、并购、诉讼、工作事故等。调查采用的是多选题，应答比例之和大于 100%）。

从这份数据不难看出，人力资源危机已经成为中国大陆地区本土企业最常面临的危机形式。同时人力资源危机给企业造成了严重的影响。据零点的调查数据显示，有 33.7% 的被调查企业表示，人力资源危机对其企业产生了严重影响。

对此，上海卓跃管理咨询有限公司董事、总经理庞亚辉撰文指出，企业所遇到的人力资源危机主要可以概括为四类：高管人事危机、接班人危机、劳资关系危机、企业人才危机。

2. 管控和防范骨干员工流失可能存在的风险

关注骨干员工流失的风险防范，能有效避免因为骨干员工流失而造成的诸多风险和损失。然而，民营企业管理者往往不重视，甚至不清楚的是，在任何民营企业人力资源管理中都存在着诸多风险。企业管理者在使用人力资源决策时稍有不慎，就有可能给企业带来不必要的损失，甚至灾难性的后果。不信，我们从一个真实案例开始讲起。

在高楼林立的北京中关村，科技公司多如牛毛。刘东经营的东科科技公司就是众多科技公司中的一个。

1998 年，从北京某大学计算机科学与技术专业毕业的刘东进了跨国公司。两年后，刘东独立创业，主要经营业务就是手机短信。

在刘东的意识中，只要有了好的产品，市场是不用发愁的。在这样的思维下，刘东更加专注于技术和产品的完善和研究开发。

由于刘东“不关注市场”这种不正确的观念，再加上刘东缺乏管理企业的能力，导致公司管理非常混乱。大部分能力较强的员工另觅高枝。

此刻，东科科技公司已经濒临倒闭。公司的困境让刘东非常发愁。然而一个 IT 技术研讨会让东科科技公司燃起了一丝复活的希望。

研讨会上，刘东偶然认识了作为发言嘉宾的王建国，他的发言给刘东留下了极深的印象。刘东觉得王建国不仅有着丰富的 500 强企业管理经验，而且非常了解手机短信市场。刘东以年薪 80 万元聘请王建国担任东科科技公司副总经理，主管销售和行政。而刘东自己仍然担任总经理，主抓技术。

为了改变公司的颓势，刘东把所有希望都寄托在这个对手机短信市场业务非常了解的王建国身上。因此，刘东对王建国非常信任，对他也很放权。

王建国上任后，经过对东科科技公司一些了解之后，马上大刀阔斧、信心十足地干起来：重新进行产品定位、制定销售策划、招聘销售人员、建立销售网络，再不断地对公司员工进行培训，建立绩效管理体系等。

功夫不负有心人，王建国的到来使得东科科技公司业绩倍增，不仅提高了东科科技公司的岗位效率，还对东科科技公司进行了制度化管理。

经过王建国一年多时间的艰苦奋斗，东科科技公司发展势头非常迅猛，公司规模也一步步扩大了。

然而，东科科技公司的危机再次袭来——刘东和王建国之间的矛盾开始了。由于王建国挽救了东科科技公司，在公司里王建国的威信较高，刘东开始担心东科科技公司会被王建国控制。

以前从不过问公司大小事务的刘东渐渐地都要亲自过问处理，包括由王建国分管的事情都要经过刘东最后批准。

刘东突然收权使王建国的工作很被动。王建国也认为自己是东科科技公司的头号功臣，开始对自己的待遇和职位不满意了。刘东的收权更加激化了两个人的矛盾。他们不仅对东科科技公司目前的运作管理，而且对今后的发展方向看法各异。

半年之后，王建国辞职了，随同辞职的还有东科科技公司的技术部经理陈跃、销售部经理袁军，以及刚刚策划好的企业产品和市场机密。这一次，刘东的东科科技公司彻底垮了。

本案例中，当刘东高薪聘请王建国时，就应该评估其中的风险，同时需要有针对性地放权。

在企业管理中，像刘东这样的企业老板只知道解决公司眼前的困难，而忽略骨干员工流失风险防范的事件举不胜举。这就意味着，他们这些管理者自身缺乏法律风险防范意识，再加上法律风险控制不当，就可能给企业带来劳资纠纷，甚至付出惨重代价。

从上述案例我们不难看出，尽管有能力的骨干员工能够让企业高速发展，但是人力资源不同于其他物质资源，需要准确地评估和度量，并保持恒定的产出。民营企业老板必须充分认识到这一点。

然而，在目前中国缺乏职业经理人制度的情况下，民营企业老板在选择骨干员工时，必须能够正确地评估其各个方面——工作经历、人品等，从而更好地预测用人风险，并具备相应的风险承担能力。

在《家族企业长盛不衰的秘诀》培训课上，一位企业管理者问："周老师，骨干员工流失风险防范那么重要，我们日常的企业有哪些风险呢？"

我与企业老板们接触 20 多年发现，骨干员工流失的问题主要出在企业管理者身上，我们主要以上述案例来说明，见表 8-1。

表 8-1　企业管理者自身三个因素导致骨干员工流失

序号	原因	具体内容
1	缺乏骨干员工流失风险防范意识	刘东匆忙地拍板决定以 80 万元年薪聘请王建国，只关注了王建国的管理能力和市场经验，却没有考察王建国的工作经历、人品等因素，这就埋下了王建国离开东科科技公司而使公司陷入更大危机的种子。王建国在跳槽的时候，将东科科技公司的先进技术和科研成果带走，尤其是带到企业的竞争对手那里去，不仅将企业的宝贵财富拱手相让，还可能改变市场竞争格局，间接损失巨大
2	骨干员工流失风险控制不当	为了改变东科科技公司的颓势，刘东把所有希望都寄托在王建国身上。当王建国加盟时，刘东对他的过分信任和无限制的放权也加剧了骨干员工流失风险。当东科科技公司的经营状况有所好转时，刘东突然亲自过问的做法激化了他与王建国之间的矛盾
3	缺乏骨干员工流失风险的驾驭能力和解决办法	作为刘东来说，在聘请王建国时，就必须知道自己的骨干员工流失风险的驾驭能力和解决办法，即刘东在放权的同时必须监控王建国的职责

从表 8-1 可以看出，企业管理者一旦不能预见和防范骨干员工流失的三个风险，那么将付出惨重的代价。

近几年，一些企业因为员工集体跳槽而导致的危机屡见报端，而当前企业出现高层人事管理的危机和跳槽的危机主要存在两个问题：第一，企业人才的匮乏；第二，中国本土企业骨干员工流失风险缺乏有效的内部管控。

数以万计的企业管理者没有意识到骨干员工流失危机的严重性，也就没有建立一个有效监督、约束和预警机制，甚至在一些民营企业中，还出现了“集体跳槽”问题。

其实，这样的问题是非常严重的。民营企业的中高层管理人员意外离职，无疑会给民营企业造成非常巨大的损失。究其原因，这些中高层管理人员熟悉企业运作模式、营销战略、广告投放策略，拥有企业大批的合作者，一旦离职，往往加盟原企业的竞争对手，无疑会给原企业的经营和发展带来较大的影响。

类似营销总监“集体跳槽”的问题，对于原企业来说，打击是非常大的，营销总监不仅带走了企业的合作者、经销商。一旦某个企业遭遇类似的职业经理人“集体跳槽”，原企业将会付出高昂的代价。因此，要想解决这个问题，最好的办法就是备份骨干员工。

然而，遗憾的是，中国大陆地区的企业却不重视备份骨干员工，总是临时抱佛脚。据《市场报》报道的数据显示，在中国企业中，仅有17.2%的企业在平时就比较注重培养高层管理人员的“接班人”，一旦出现重要管理人员意外离职情况，可由“接班人”直接接任其工作，对企业的正常运转不会造成过大影响；18.2%的企业对企业重要高层管理人员的意外离职持不在意态度，出现高层管理人员意外离职情况时由上级领导指定临时接班人；47.9%采用先企业内部竞聘，然后由管理会决定的方式；14.4%采用由管理会直接决定的方式；其他

2.3%。[①] 详情见图 8-3。

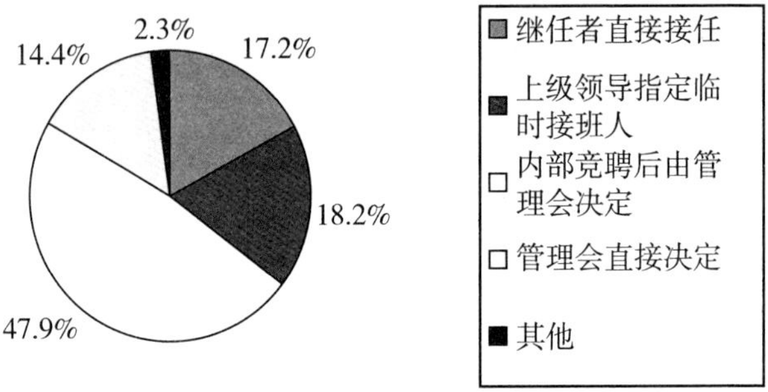

图 8-3　企业处理中高层管理人员意外离职的措施

如图 8-3 显示的数据，仅有 17.2% 的企业平时就比较注重培养高层管理人员的"接班人"，这说明中国企业不重视应对核心人才缺位问题。因此，企业在某些重点岗位上配备相应的、能够胜任的骨干员工进行"备份"，这不失为企业应对骨干员工流失的一招妙棋。

3. 人力资源危机预警机制信息系统

关于管理人力资源危机，学者徐政科告诫企业管理者道："建立一个完善的人力资源危机预警机制信息系统，将企业内

① 参见李旭红：《零点对京沪两市调查显示：一半企业面临人力资源危机（调查分析）》，《市场报》2004 年 6 月 15 日。

外部有关人力资源的信息集成为一个信息包，可以方便和增强企业管理者对这些信息的管理。”

一般来说，企业的信息分为内部信息和外部信息两类。

（1）内部信息。内部信息主要涵盖在职人员信息、离职人员信息、骨干员工储备信息、骨干员工工作动态跟踪信息等。

企业管理者通过上述诸多信息，可以随时了解骨干员工的离职率变动情况，以及离职原因。当了解其情况和原因后，就可以有针对性地及早采取相应的补救措施。例如，根据企业以前的平均离职率，预测目前的离职人员数量，提前从员工储备库中挑选后备人员进行培训。这样既降低了离职发生时岗位长期空缺的可能性，又避免了引发人力资源危机的可能性。见图 8–4。

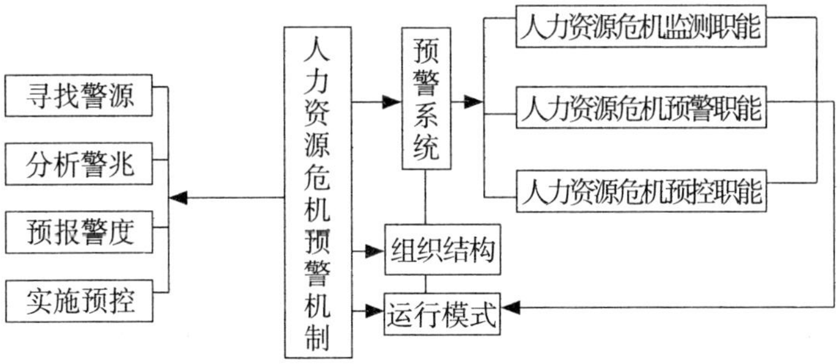

图 8–4　人力资源危机预警机制信息系统

（2）外部信息。企业的外部信息主要涵盖同业人员信息、同业骨干员工需求信息、骨干员工供给信息等。

企业管理者通过对骨干员工供给状况的了解，可以快速有效地为骨干员工流失后的空缺岗位补充骨干员工；企业管理者通过对同业人员信息的了解，可以清楚其他企业，特别是直接竞争对手企业中知识型员工的薪资福利水平和政策，以及行业平均薪资水平，可以更有效地制定本企业的薪酬政策，更好地避免因薪资问题而导致的骨干员工流失。

为了从根本上解决企业骨干员工流失所导致的危机问题，企业有必要思考如何建立一套人才危机管理系统，并形成一种机制和文化，使人才效益得到最大限度发挥，最终将促进企业对人才管理的战略性投入与开发，保证企业和员工的生存和发展，最终达成双赢的局面。

面对骨干员工流失风险，企业管理者可以采用以下策略降低骨干员工流失的风险，见表 8–2。

表 8–2　降低企业用人风险的 9 种策略

序号	策略	具体内容
1	正确认识与人才的关系	很多企业管理者认为，管理者与企业骨干员工之间的关系仅仅是简单的雇佣和被雇佣关系。其实，这样的看法是不全面的，管理者与骨干员工的关系是一种合作共赢的关系。只有企业管理者充分地认识到这一点，给予骨干员工以更多的重视和认可，才可能建立起良好的合作基础

续表

序号	策略	具体内容
2	制定符合公司发展需要的人事政策	企业管理者必须依据企业的发展阶段、发展战略，及内外环境、文化等因素，确定企业的基本人事政策，书面确定企业引进何种技能的骨干员工、怎样激发和留住骨干员工等原则性说明，从而更好地指导企业的骨干员工引进、使用及其他人力资源工作
3	根据企业发展需要对人力需求做系统分析	企业管理者依据企业人力资源和工作岗位的匹配程度，对骨干员工需求做系统分析，从而了解哪些岗位需要何种技能骨干员工，哪些岗位骨干员工需要从外部引进储备等
4	制订合理的骨干员工计划	在制订用人计划时，企业管理者应根据本企业发展的实际需要，再确定何种岗位需要引进骨干员工，以及骨干员工引进的时机、数量、方式等。从而有效地减少盲目及应急地引进骨干员工，降低骨干员工流失的风险
5	健全人才选拔机制，用适当的方式选择适当的人才	很多企业管理者在引进骨干员工时往往借助猎头公司提高选人的成功率。尽管这一方法可以规避一部分骨干员工流失的风险，但是要想彻底解决骨干员工流失风险，还必须依靠健全和完善骨干员工的招聘、选拔机制，从制度流程上降低和避免企业的骨干员工流失风险
6	建立合理的激励约束机制	要降低骨干员工流失风险，企业管理者就必须建立合理的激励约束机制。在实际的管理中，企业管理者和骨干员工是合作的关系，他们必须建立在相应的激励约束机制来明确双方的权利义务、维护双方利益的基础上
7	保持适当的期望	有些企业管理者打算通过高薪聘请一个或几个骨干员工来解决所有问题，这样的观点是不正确的，也是十分盲目和不现实的。企业管理者对引进骨干员工的期望过高，往往会失去信心。因此，在引进骨干员工时，企业管理者应保持适当的期望

续表

序号	策略	具体内容
8	合理使用骨干员工	骨干员工引进后，企业管理者必须善用各种激励约束机制，合理地使用骨干员工，最大限度地为骨干员工提供发挥的空间和余地，达到骨干员工合理使用的目的，从而降低骨干员工流失的风险
9	必要、适时、有效的沟通	必要、适时、有效的沟通可以降低骨干员工流失的风险。这就要求企业管理者对骨干员工的工作目标、工作进度等问题进行沟通，适时解决问题，给予适时激励，对偏差给予适时的控制和纠正……以避免问题的堆积和矛盾的激化，最大限度地降低骨干员工流失风险[①]

① 参见王启军、王军爱、宫照馥:《高薪下的陷阱》,《人力资源开发与管理》2008 年第 12 期。

第九道防线

建立完善的骨干员工退出机制

不可否认，骨干员工退出机制犹如“鲶鱼效应”，起到了督促和激励的作用。企业管理者通过骨干员工的退出机制，保持团队骨干员工的吐故纳新，在骨干员工退出的同时，也为团队注入新鲜血液，引入新的思想和理念，不断提高团队的创新能力，有利于建立能进能出的人力资源体系，有利于人力资源与外部人力市场形成完整的置换，有利于企业骨干员工充满活力，有利于企业人力资源符合企业发展的目标。

一、建立骨干员工退出机制

人才退出机制已经成为企业骨干员工管理战略的重要组成部分。然而，遗憾的是，许多企业至今仍然没有建立起完善的骨干员工退出机制，极大地影响了骨干员工工作积极性的发挥。

要想改变这样的现状，建立骨干员工退出机制就势在必行。原因是，退出机制有利于发挥骨干员工的工作积极性，但是在构建骨干员工退出机制时，企业管理者必须注重骨干员工的考核、解聘、回聘和法律制度等相关问题。

1. 骨干员工退出的三个原因

在人才引进中，很多企业管理者时常把人才视为企业战略的重要内容。随着企业边界的变化，不断调整和重组组织结构，除了通常的选、育、留、用等骨干员工管理外，一个非常重要的课题摆在企业管理者面前——如何科学、合理、有效地处理骨干员工的退出？如何保持骨干员工不流失？……可以说，骨干员工的退出机制已经成为影响企业生存与发展的决定性因素之一。

众所周知，骨干员工退出机制作为企业管理者最后一道管理防线，必须找出骨干员工退出的真正原因。一般来说，骨干员工的退出原因有如下三个：

第一，社会原因。由于受到经济发展水平、发展阶段、国家制度、经济政策、技术进步状况、劳动力市场、市场经济的完善程度、劳动力政策等诸多因素的影响，骨干员工也会出现退出的问题，比如企业裁员、20 世纪 90 年代的职工下岗。

第二，企业原因。由于受到企业的发展水平、发展阶段、企业性质、市场中的竞争力、人力资源政策、企业文化、财务资源、管理制度等诸多因素的影响，骨干员工也会出现退出的问题，如企业裁员。

第三，骨干员工个人原因。由于受到骨干员工个人的价值观、知识、技术水平、能力、教育水平、家庭、年龄、性别等因素影响，骨干员工个人也会出现退出的问题，如跳槽、猎头游说、竞争企业高薪挖人。

2. 建立骨干员工退出机制的必要性

部分企业管理者已经意识到，退出机制对于留住骨干员工非常重要，也适当地采取了一些骨干员工的退出措施，但是还缺乏一套真正从组织战略发展来考虑，并根据现代企业人力资源管理实际情况，设计、建立系统化、规范化、专业化强的运行良好的骨干员工退出管理机制。

正是由于骨干员工退出机制的不健全和不完善，再加上操作不规范，时常给企业带来巨大的危机，例如华为公司“万人辞职事件”等。因此，建立骨干员工退出机制就非常有必要。

（1）实现企业战略的需要

在企业的所有战略中，人力资源战略直接关乎企业的生存与发展，没有之一。因此，企业管理者都会围绕人力资源战略，制定相应的“选”“用”“育”“留”等方面的人力资源管理制度。

为了实现“人岗匹配”，有些企业管理者甚至将企业人才退出提升到企业战略管理的层面，保证人才退出的程序化、规范化、制度化。

（2）实现骨干员工职业生涯设计的需要

在骨干员工管理中，只有将骨干员工的发展与企业的发展融为一体，才能真正留住骨干员工。

基于此，企业管理者应该给骨干员工制定职业生涯设计，将骨干员工的个人发展与组织发展相结合，分析、总结和测定骨干员工职业生涯的主客观因素，确定其职业发展目标。然后根据科学的退出机制，有针对性地设计适合该组织的骨干员工的职业生涯。

这样做的好处是，骨干员工退出机制让一些能力和绩效低下的员工退出占据的职位，给能力较高的骨干员工提供一个施展才华的平台。不仅提高了企业效率和人力资源的利用率，同时激发了骨干员工的工作积极性，为骨干员工开辟出宽阔的职业通道，以更宽的职业发展道路留住真正需要的关键骨干员工。

（3）提高骨干员工的工作热情

一旦某个组织没有压力，自然也就没有动力。没有动力，无疑是一潭死水。在一些企业中，由于企业自身制度的原因，优秀的员工想进却不能进，这就给一些员工的懈怠留下了机会，挫伤了骨干员工的工作士气。

二、标准化的、系统的人力资源退出机制

企业管理者必须清楚的是，骨干员工的流动已经不可避免，原因是，骨干员工退出机制在实际的人力资源管理系统中非常重要，是其中的一个重要环节。在建立完善的企业骨干员工退出机制时，需要考虑企业的各相关方诉求，以更好地发挥骨干员工退出机制管理在整个人力资源管理系统中的作用。

当然，企业管理者这样做，旨在保持合理的骨干员工流动率，降低骨干员工的流失，留住企业所需要的骨干员工。

1. 骨干员工流程管理

由于历史的原因，终身雇佣制和年功序列制度已经不再属于员工管理的范畴，但是一些企业由于自身的原因，没有采用骨干员工退出机制，结果造成机构臃冗，人员过剩，使得企业步履维艰，甚至濒临破产。

正是因为如此，由于企业没有实施骨干员工退出机制，为此付出了惨重代价。究其原因，选人、育人、用人、留人、退人构成了骨干员工流程管理的重要部分，见图 9–1。

从图 9–1 可以看出，上述五个环节的良性循环使得企业与外部人才能够有序地置换，同时人力资源系统也不断进行新

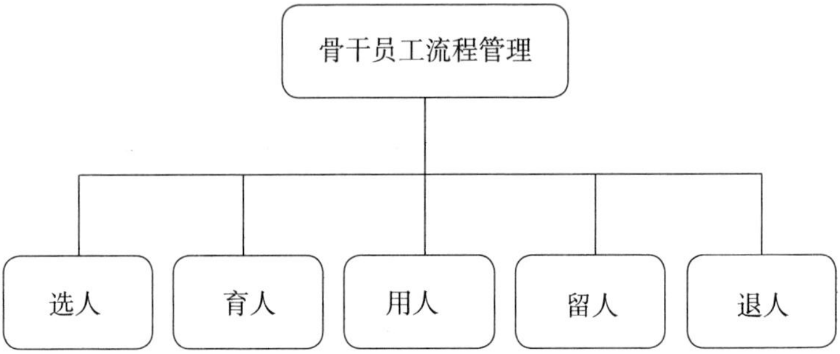

图 9-1　骨干员工流程管理

陈代谢。一旦缺少某个环节，企业人力资源就容易雍冗，造成滞胀，从而导致企业丧失竞争优势。

除了要留住企业骨干员工之外，还要有能力并且愿意解雇那些表现出来的行为对企业的生产率造成不利影响的骨干员工。

业内专家为此撰文指出，人力资源退出机制是有效的激励工具。企业管理者为了保持骨干员工的质量，会根据绩效考核结果解聘那些业绩不佳的、不能满足组织发展需要的骨干员工。企业管理者建立完善的骨干员工退出机制，使骨干员工所在的岗位不再是旱涝保收的“金饭碗”，只有不断地学习新的知识、提高新的工作技能、为组织作出更大的贡献，才能避免被退出。因此，人力资源退出机制使骨干员工感受到来自同事之间的竞争压力，激发工作激情，使得整个组织充满活力。

其实，骨干员工退出机制是减少人员退出消极后果的关键，一旦缺乏标准化的、系统的骨干员工退出机制，可能会对被解雇人员造成重大伤害，同时也可能会打击就职骨干员工的工作士气，损坏组织自身的社会形象，甚至会引发暴力行为。

在这里需要提醒企业管理者的是，建立完善的骨干员工退出机制，必须对退出人员安排周详的补偿计划，并为离职员工提供心理辅导、再就业支持等服务，才能避免可能出现的不良影响和后果。

2. 退出机制的注意事项

在留住企业骨干员工的流程管理中，建立完善的骨干员工退出机制，是企业管理者激活骨干员工的一个重要举措。

（1）树立正确的退出意识，充分认识建立企业骨干员工退出机制的原因和必要性

在骨干员工管理中，只有把骨干员工退出的行为纳入企业文化整合的范畴，才能使骨干员工退出从计划到操作、从理论到实施成为可能，才能得到骨干员工的充分理解与大力支持。

一般来说，在实践操作过程中，让退出机制得到骨干员工的理解难度非常大，主要有以下几点：

第一，在中国，企业骨干员工受传统文化影响非常严重，以及职业化就业观念落后，导致骨干员工对就职组织有较强的

依赖性，骨干员工离开该组织大都会显得无所适从。

第二，在很多招聘中，企业对被裁人员有偏见，认为被裁员工作态度、能力有问题，使退出人员就业困难。

第三，由于中国人特别注重面子，骨干员工退出很容易打击其自信心，影响其再就业，甚至可能会仇恨曾经的东家。

针对以上三点，企业管理者必须利用多渠道、多方式开导与疏解，加强骨干员工退出意识，树立正确的就业观念，同时也让骨干员工认识到建立退出机制的原因和必要性，使骨干员工理解企业管理者推行退出机制的行为。

（2）建立骨干员工退出标准，明确骨干员工奋斗目标

在骨干员工退出管理中，对企业管理者而言，只有确立了标准，才能使骨干员工退出机制程序化、公开化，才能有效消除骨干员工退出可能造成的不良影响。

一般来说，骨干员工退出标准主要有如下几个，见图 9–2。

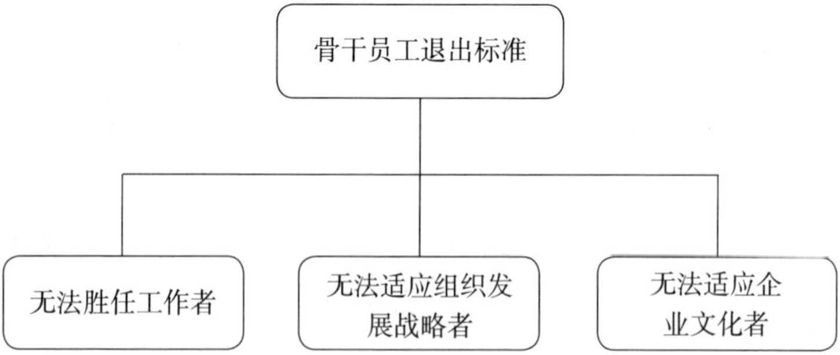

图 9–2　骨干员工退出标准

在企业骨干员工退出标准中，上述三个是较为典型的，具体操作中因为不同的组织而定。对此，制定骨干员工退出标准是建立骨干员工退出机制的关键和前提。在操作中，没有退出标准，被退出和留下的骨干员工都会感到不公平，甚至会感到无所适从。因此，企业管理者之所以建立骨干员工退出标准，是因为能够明确骨干员工的奋斗目标，即骨干员工知道组织欢迎何种人才，组织不需要何种人才，即使有一日被迫退出公司，至少在情感上也是可以接受的。

（3）建立骨干员工退出机制，让骨干员工退出程序化、有序化

在很多组织中，骨干员工退出大多采用分流、裁员等人为手段，不仅忽视了杠杆的调节作用，而且伤害了大部分骨干员工。因此，建立骨干员工退出机制，引导骨干员工流出，这样不仅避免了裁员、分流要付出的高额补偿金，而且使骨干员工退出程序化、有序化。如建立末位淘汰机制、建立绩效和薪酬密切相关的收入分配体制，使对绩效不如人意的骨干员工自动被淘汰。

（4）根据退出骨干员工的技能、爱好、性格特征等因素对其进行求职咨询，并向其他用人单位主动推荐

在对骨干员工的退出管理中，能否合理安置退出骨干员工，不仅牵扯骨干员工退出工作的成败，更反映了企业管理者管理水平的高低。对此，一旦骨干员工退出组织的安抚工作做

得不够，不仅会使骨干员工愤怒，而且会茫然。

（5）建立内部创业计划，提供创业咨询、场地、资金等资源，帮助那些有创业意愿的骨干员工

建立内部创业计划，激发更多骨干员工，特别是那些不能适应企业战略需要但有一技之长的骨干员工。企业管理者可以建立内部创业计划，提供创业咨询、场地、资金等资源帮助那些有创业意愿，但缺乏相关资源的骨干员工创业。企业管理者这样做，不仅可以解决骨干员工退出的问题，还可以按照投入的多少分取一些利润，实现骨干员工和企业的双赢。

（6）与职业介绍中心、员工交流中心或员工租赁公司等建立战略联盟关系

与职业介绍中心、员工交流中心或员工租赁公司等建立战略联盟关系是妥善处理骨干员工离职问题的一个重要手段，可以更好地为骨干员工进行培训和安置。企业吸纳这些中介机构人员，在成为其重要客户的同时，还可以要求中介机构发挥自身优势，为退出骨干人员进行职业培训，优先吸纳或推荐其退出骨干人员，实现企业的战略转变。

（7）建立骨干员工退出基金，防范骨干员工退出带来的风险

在骨干员工退出管理中，建立骨干员工退出基金，防范骨干员工退出带来的风险非常必要。2000—2005 年，朗讯裁员 8 万人就花费 80 亿美元。如果没有足够的资金支付此项费

用，无疑会影响骨干员工退出工作的进程，甚至会影响企业的正常经营。因为骨干员工退出，特别是由于业务衰退、战略调整造成的裁员，企业自然要付出高额的代价。

三、退出机制应注重人性化、理性化和柔性化

事实证明，没有骨干员工退出机制，势必会对企业未来的发展产生极为不利的影响。因此，要把人力资源退出机制作为人力资源管理的重要组成部分，从战略的层面、管理的层面，科学、理性地进行人力资源的退出，这样既可以保证企业的人力资源的质量，又能保证骨干员工连续的职业生涯发展，从而实现企业和骨干员工的双赢。人力资源退出机制作为一种先进的管理工具，在实施的时候，骨干员工退出机制应注重人性化、理性化和柔性化。

1. 骨干员工退出要人性化和理性化

在骨干员工退出管理中，特别需要人性化和理性化，那种立马走人的裁员方式只是体现了某些企业管理者裁员的方式不科学。因为，骨干员工退出的人性化和理性化，是衡量企业管理者处理骨干员工退出管理水平的一把尺子，而骨干员工退出管理的水平又是衡量企业管理者管理水平的标志。

比如，某公司把骨干员工分为 A、B、C 三类，根据每年的考核成绩，按照一定比例把排名靠后的骨干员工归为 B 类。

B 类是个缓冲区，如果 B 类骨干员工表现优秀仍可返回 A 类，但如果表现依然不如人意，则解除合同，归为 C 类，推荐给公司的外包单位。

该公司的 ABC 退出方法使人力资源退出机制保证了人力资源退出的良好效果，值得其他企业借鉴。建立完善的骨干员工退出机制，必须人性化和理性化，同时必须建立在法律的基础上。

从媒体的报道来看，目前因为企业辞退骨干员工、解除骨干员工劳动合同引发的劳动纠纷案件越来越多。为了避免和减少此种情况，骨干员工退出机制必须建立在法律的基础上，主要有如下几点，见表 9-1。

表 9-1　骨干员工退出机制必须建立在法律的基础上

序号	内容
1	骨干员工退出机制要根据相关法律的规定制定，必要时要向当地劳动部门咨询，甚至可以把骨干员工退出方法到当地劳动部门备案，确保骨干员工退出方法的合法性
2	要有书面材料记录骨干员工相关行为，使骨干员工退出具有充分证据
3	在骨干员工退出时，要和劳动部门做好沟通，解释裁员原因，取得劳动部门的支持。按照劳动法规定，确定补偿金额

2. 骨干员工退出不仅需要人性化，而且要柔性化

在骨干员工退出管理中，骨干员工退出不仅需要人性化，而且要柔性化。原因很简单，那就是退出企业的骨干员工是有

思想、有感情的人。

一旦在实际的操作过程中，企业管理者过于刚性而缺乏柔性，最后必然导致矛盾激化，使企业失去道义，骨干员工失去信心，骨干员工退出成本也必然会大大增加。因此，建立骨干员工退出机制，可以采用萨提亚的冰山模型来跟骨干员工沟通，这样更有利于企业管理者收集相关信息。

冰山模型实际上是一个隐喻。每个骨干员工就像一座冰山，企业管理者能看到骨干员工的只是表面很少的一部分行为，更大一部分的内在世界却藏在更深层次不为人所见，就像水中的“冰山”一样。而企业管理者需要做的工作是透过骨干员工的表面行为，去探索他们内在的“冰山”，从中寻找出解决之道。

因此，企业管理者在骨干员工退出管理中，首先要对退出骨干员工进行心理咨询，消除骨干员工失去工作造成的压抑、自卑等消极心理。其次，企业管理者要发挥自身专业优势，向其他用人单位主动推荐。

对此，加大力度沟通就显得非常重要。在沟通中，用沟通的漏斗模型就方便得多，见图 9–3。

骨干员工退出时，企业管理者必须充分地与被退出的骨干员工沟通，绝对不能暗箱操作。保证有充分的时间与被退出骨干员工面谈，为被退出骨干员工提供心理辅导、再就业支持等一系列配套措施，保证让这些骨干员工退出的人性化和柔

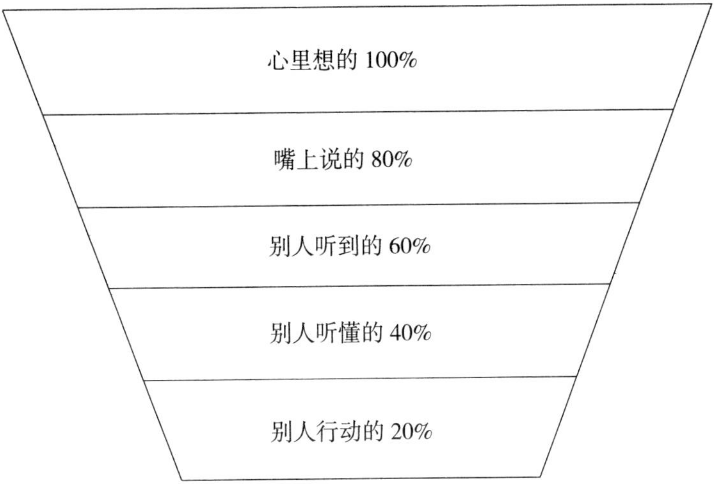

图 9–3　沟通的漏斗模型

性化。不让退出的骨干员工心理失衡，降低骨干员工的退出成本。

第十道防线

建立骨干员工储备机制

跨国公司进入中国大陆后，凭借它们雄厚的财力和文化频频招揽骨干员工。在这样的背景下，企业管理者就被迫参与人才竞争，甚至可以说参与竞争已经刻不容缓。对此，时任美国宾夕法尼亚大学沃顿商学院人力资源中心主任的彼特•卡普里（Peter Cappelli）教授撰文指出：“是市场而不是你的公司完全地决定了职员的流动。只要市场竞争存在，骨干员工的流失风险就会存在。即使再完善的留人机制，也不能完全阻止骨干员工的流失。所以，骨干员工的备份就显得十分重要，应当把‘备份’作为将损失减少到最小化的预防措施。”

在彼特•卡普里教授看来，备份骨干员工是将损失最小化的重要预防措施。在跨国公司“大军压境”的形势下，骨干员工的重要性不仅关乎一个企业的长远发展，甚至可能决定生死，其重要性也就不言而喻，特别是在一些重要岗位上的骨干员工，他们的存在无疑保障着企业的核心竞争力。

一、骨干员工备份的积极作用

提及“备份”一词，读者可能首先想到的是电脑数据的备份。的确，在计算机信息技术的词汇中，备份的目的主要是防止信息、文件损坏或者丢失。

这个道理同样适用于企业的人才管理。管理者“备份”骨干员工不仅可以培养企业急需的人才，还可以防止因骨干员工流失引起的损失。由此可见，备份骨干员工的积极作用不容小觑。

1. 骨干员工备份已刻不容缓

当骨干员工流失时，无疑将产生诸多风险。具体表现在，随着企业骨干员工的流失，客户资料、重要商业数据、私密文件，甚至是和客户的聊天记录等数据的流失都可能会给企业带来不可估量的损失。有效地把损失降到最低且行之有效的方法是：一是留住骨干员工，或者对其岗位进行流程化管理，对骨干员工随时进行备份，预防骨干员工突然离职给企业带来诸多问题。二是在引进骨干员工时，与他们约定相关的禁业，以及保守商业机密的协议。

既然备份如此重要，什么是“备份”呢？在计算机专业术语中，所谓“备份”是指为了防止电脑突然发生故障导致文件丢失，用事先设定好的程序对文件进行“备份”。备份的作用是用于后备支援，替补使用。

鉴于此，所谓“人才备份”，就是防止因骨干员工流失而在同样一个岗位配置能力、技能、综合能力较强的骨干员工，以此降低损失而设置的一个重要工具。

然而，很多企业由于各种原因，不仅没有设置“人才备份”，还因为自己的忽略，导致核心人才特别是骨干人才流失。这暴露了企业运营及骨干员工管理存在的问题。可能企业管理者也没有想到的是，这些隐藏着的缺陷可能会引发连锁反应，给企业造成不可预测的损失。因此企业管理者和人力资源部门在分析其原因时，要系统诊断，企图以简单的加薪升职或调整工作范围等方法解决常常会遇到按下葫芦浮起瓢的尴尬。[①] 要想根治这样的问题，企业管理者加强骨干员工的备份工作就显得尤为迫切，而且刻不容缓。

原因是，做好骨干员工备份可以达到如下三个作用：

第一，强化了骨干员工的储备和技术培训，可以避免某项关键技术被一两人独占的事情发生。

第二，在同一尖端技术岗位上，由于骨干员工备份，就存在两至三人在同时攻关，可以避免因为骨干员工的流失而项

① 参见王婕：《为骨干员工流失做检讨》，《职业》2005 年第 8 期。

目停止的可能。在一些非技术岗位的重要职位上，企业管理者通过储备骨干员工的培养计划，提前让储备骨干员工熟悉将来的岗位工作，一旦骨干员工流失，储备骨干员工在最短的时间内就可以胜任该岗位工作，有效降低了企业因为骨干员工空缺而造成的损失。

第三，由于实施了骨干员工备份战略，自然会构建一个人力资源信息系统，方便和增强企业管理者对自身内外部有关人力资源信息的管理。企业内部信息包括在职人员信息、离职人员信息、人才储备信息、员工工作动态跟踪信息等。通过这些信息，企业管理者可以随时清楚骨干员工的离职率，以及骨干员工的离职原因，有针对性地提前准备各种解决办法。

2. 尽早给骨干员工做好备份

在竞争日趋激烈的今天，对骨干员工的竞争将决定企业竞争的成败。据媒体报道，在江苏省南京市，某公司老板因为没能处理好企业内部的人际关系，营销部经理（一个联合创始人）另立门户自当老板，导致该企业损失惨重。

该企业失去的不仅仅是一个优秀的营销人才，还失去了大量的客户资源。近年来，类似骨干员工外流导致中国企业濒临破产的情况，可谓层出不穷、屡见不鲜、不胜枚举。

在今天的中国，由于人才竞争日趋激烈，一些企业经营者，特别是民营企业老板，往往器重在技术业务方面出类拔萃的人才。不过，这类人才也令企业经营者特别是民营企业老板忧虑不已。主要源于企业发展离不开核心人才，一旦核心人才离职，带走的可能就是与企业生死攸关的项目、成果和客户资源等，这无疑会给企业带来灭顶之灾。

对此，企业管理者要防范人才流失给企业带来的风险，除了应在激励机制、约束机制上做好文章外，不妨给人才“备份”，以备不时之需。[①]这样，才能有效地减少潜在的用人风险。不信，我们从一个真实的案例开始谈起。

2015年10月底，担任某知名快速消费品安徽分公司市场部下属的一位公关主管赵鹏离职了。此前，赵鹏主要负责安徽省客户投诉处理、各大媒体的公关、大型活动的宣传推广等工作。

工作期间，赵鹏的业务能力得到了消费者、客户的高度肯定，甚至得到该公司领导的器重——市场部总经理何华清对赵鹏更是欣赏有加，在私下场合，何华清多次拍着赵鹏的肩膀说：“小伙子，好好干，过两年给你升职加薪。”

3年多的时间里，何华清无数次拍着赵鹏的肩膀说“升职加薪”。然而，“升职加薪”却遥遥无期，于是赵鹏

① 参见吴学安:《不妨给人才备份》,《中国青年报》2003年5月11日。

逐渐萌生跳槽的想法。

赵鹏细想就职的这3年多，不仅工作努力，与同事间关系也很融洽，领导也较为器重。在离职前两周的一个上午，赵鹏主动敲开了何华清办公室的门。

“请进。”此刻的何华清正在阅读中国各大媒体对该公司之前一个活动的大篇幅宣传报道。

经过3年多工作的历练，赵鹏在客户、媒体面前可以说是玲珑八面。面对何华清，赵鹏单刀直入、开门见山地说：“何总，我有些事要跟您汇报下，是关于我薪资、职位的事情。”

何华清微笑着说道：“小赵啊，我正看上次的活动报道呢，你做得不错，要好好表扬。你对现在的薪资、职位有不满意的地方吗？”

听到何华清的问话，赵鹏说：“我进公司都3年多了，自转正之后，工资、职位都没有变过。而我身上肩负的工作任务却越来越多……”

赵鹏向何华清大倒苦水的目的，主要是陈述自己的苦劳，同时也在阐述自己的功劳，“动之以情，晓之以理”。

不过，何华清非常歉疚地对赵鹏说：“哎，小赵啊，你说得是，年前我还跟分公司总经理李虎提过这事，他说年轻人要多培养培养。你的工作表现、业务能力是有目共睹的，我再找李总商量商量。一周后给你答复。”

之后，赵鹏有些焦急。因为赵鹏知道，在一家大型公司中，人力资源管理是程序化的，每年提升员工职位、提高薪资等方面都非常规范。

2014 年，公司受经济下行的冲击，而且影响较大。其后，为了减少开支，公司“冻结”了 2014 年全年所有部门“职位升迁”，没有给任何一名员工升职。

当然，赵鹏找何华清谈话，除了想得到应有的职位与薪资外，还有一个原因是，2015 年 9 月，赵鹏购买了新房，每月要支付近 5000 元的房贷，加上其他开销，赵鹏当时每月不到 8000 元的工资根本就无法支付如此高的费用。不得已，除了向公司申请升职加薪外，寻找一个工资较高的工作也成为赵鹏的无奈选择。

在离职前一周的周一上午，赵鹏刚到公司，何华清的秘书李小艳就找到赵鹏：“赵鹏，何总喊你到他办公室一下。”

赵鹏来到何华清的办公室，何华清示意赵鹏坐下，说：“赵鹏啊，你的要求我和李总说了，他同意了，呵呵，但可能要等到 2016 年 1 月份才能给你升职加薪。你也知道，这些事情都是要向公司总部申请，待总部批准后才可以执行的。”

何华清说完赵鹏关心的问题后，赵鹏说道：“何总，可能我并不适合在这里发展，公司也人才济济，我想我还是换一个环境吧。”

何华清给赵鹏的结果也在意料之中，赵鹏继续说：“未来的事谁说得准呢，到时候要是不给我升职加薪我又能怎么办呢？”

其后何华清极力挽留赵鹏，但是去意已决的赵鹏还是在一周后正式离职了。赵鹏辞职后，给何华清留下了一大堆难题。在该公司，负责公关宣传的只有两个员工，一个是赵鹏，另一个是和赵鹏一起加盟该公司的吴中振。吴中振尽管工作勤勤恳恳，但是处理问题较为呆板，缺少冲劲，在公司一直默默无闻。在同事的眼中，吴中振不过是赵鹏的助手而已。

赵鹏离职时，工作全部交接给了同事吴中振，此刻何华清心里非常清楚，吴中振不能担此重任。可是一旦从外部招聘一个员工，又可能会水土不服。

“公司怎么就没有两个赵鹏呢？”此刻的何华清非常后悔当初没有做好人才的备份工作，到如今自己才会陷入无人可用的境地。[①]

上述案例中，赵鹏的离职不仅重创了该分公司，而且

① 劳之伟：《你给核心员工备份了吗？》，商评网，2010年7月13日。

还在一段时间内无法找到与之相当的人才。对此，金蝶软件（中国）有限公司合肥分公司人力资源总监黄珊在接受媒体采访时发表了自己的看法。黄珊认为，本案例反映出该公司人力资源管理的两个重要问题：第一，骨干员工的保留问题；第二，关键岗位人才梯队建设的问题，即所谓的“骨干员工备份”。

此案例中，赵鹏独当一面，是该企业的骨干员工，因此黄珊建议：“该公司首先应该给自己进行人才扫描，根据自身战略需求建立核心人才的能力素质模型，然后根据模型将目光定位在像赵鹏这样的骨干员工上，并让他们成为人力资源管理工作的核心，成为企业竞争的灵魂。”①

黄珊还告诫企业经营者：“对骨干员工的薪酬激励应该是多样的，如现金激励与非现金激励相结合、短期激励与长期激励相结合、物质福利与非物质福利相结合。像案例中赵鹏买房，我所在的公司做法是：骨干员工买房、装修不仅可以提前向公司预支年薪 30%—50%，还会享受到公司为员工进行贷款帮助、装修咨询等服务。”

黄珊坦诚地说：“在金蝶集团，我们为骨干员工建设了管理、专业、跨职系发展等多渠道发展通道，帮助员工根据自身情况与企业能力要求进行匹配分析，然后员工可以选择自己感

① 劳之伟：《你给核心员工备份了吗？》，《徽商杂志》2010 年第 7 期。

兴趣且贴合企业发展需要的职业通道，如希望通过努力晋升为管理者的，就选择管理路线，希望在专业上获得提升的，那就选择专家路线。在金蝶，很多软件研发、产品实施与售前人员在薪资、福利等方面一点儿不比他们部门经理差，职级较高的员工甚至还会高出许多。”

3. 备份骨干员工的作用越来越重要

在中国企业中，天天都有像赵鹏那样离职而对公司产生重大影响的事情发生。为了解决这个问题，一些中国企业经营者，特别是民营企业老板在某些重点岗位上，对骨干员工进行“备份”。这样的举措可以有效避免由于骨干员工流失而导致的诸多影响。

这不仅关乎着中国企业的长久发展，也关乎着中国企业的未来。因此，中国企业经营者“备份”骨干员工可以说是当务之急。因为跨国公司进入中国之后，决定企业生死存亡的既不是市场竞争，也不是产品竞争，而是骨干员工的竞争。

对此，一些研究者公开告诫企业经营者，当企业实在留不住那些关键性的拔尖人才时，起码应该在这些核心人才岗位上储备能够顶得上的“备份”人才。即使一两个“顶尖”人才外流，企业也不会因为核心人才的离开而被迫中断新产品的研发和市场的开拓。在这方面，青岛海尔集团可谓独树一帜，先行一步，他们在开发同一产品时，不仅在国内有研发小组，在国外同时还有很多科研机构一同进行研究开发。如此，企业人才外流的风险就迎刃而解了。[①]

① 参见吴学安:《不妨给人才备份》,《中国青年报》2003 年 5 月 11 日。

二、备份骨干员工来防范用人风险

解决骨干员工流失所带来的风险问题，尽管方法和手段很多，但是企业经营者特别是民营企业老板只有提前制定好防范用人风险的措施，才能有效避免骨干员工流失给企业带来的影响，减少给企业造成的损害。所以，我建议企业经营者特别是民营企业老板，如果还没有制定应对措施应该尽早补上这一课。

1. 合理的骨干员工流失的四个作用

在企业的竞争中，骨干员工资源的多寡决定着企业在丛林法则下的生存和发展。在创新技术时代的今天，骨干员工对企业发展的影响力越来越大，企业的生存和发展越来越依赖骨干员工。可以说，骨干员工资源对企业的重要性更加突出，因为创新技术只有通过骨干员工的创造性劳动才能被挖掘出来，创新技术就其实质，就是骨干员工经济。从这个角度来看，骨干员工已经成为企业最宝贵的战略资源，企业能否拥有骨干员工，能否留住骨干员工，决定了企业能否在竞争中生存和发展。

在人力资源管理中，企业能否吸引骨干员工，并建立一支高素质、稳定的骨干员工队伍是赢得竞争优势的关键。各企业为了吸引大量的骨干员工，获取企业竞争优势，展开了激烈的骨干员工争夺，企业骨干员工因此流失严重。骨干员工个人跳槽、集体跳槽，不仅带走了企业的技术发明，还带走了大量的客户，企业许多项目不得不中止，给企业带来巨大的损失。[①]

不难看出，作为保证企业健康发展的骨干员工，特别是那些占据组织核心位置的骨干员工，一旦流失，而在组织内无法立刻找到合格的替代者，他的职责无法转给其他骨干员工，或者他因突发事件而被另外赋予职责时，将严重影响和损害原部门的功能和连续性。

而有研究人员撰文指出，合理的骨干员工流失是有益于企业健康发展的。他们的理由是，在企业中保持一定的骨干员工流动率能够加速“鲶鱼效应”的正能量产生，作用有以下四个方面，见图 10–1。

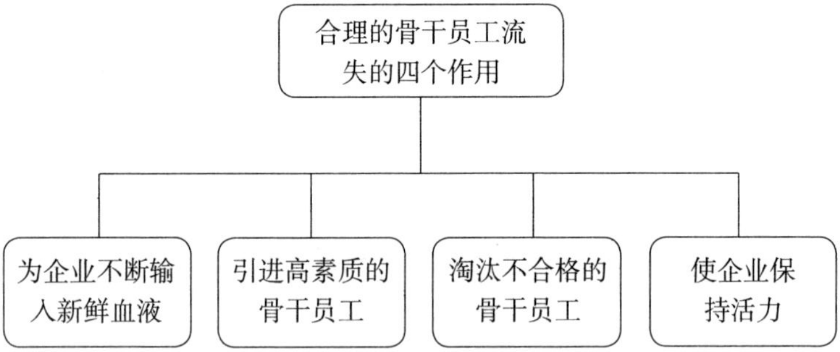

图 10–1　合理的骨干员工流失的四个作用

① 参见刘平:《西部电力企业核心员工流失风险评估研究》，硕士学位论文，西南交通大学，2011 年。

不可否认，合理的骨干员工流失是有益于企业发展的，但是，骨干员工如果流动过于频繁，或者占据组织核心位置的骨干员工流失，企业缺乏比较稳定的骨干员工队伍支撑，尤其是没有对企业保持忠诚的知识型骨干员工的支持，那么企业必然会因缺乏骨干员工而面临被市场淘汰的风险。

对此，人力资源资深管理专家陶大宇告诫民营企业老板："在中国目前人才流动机制基本形成、人才信用机制严重缺乏的情况下，特别是在现代职业经理人队伍尚不成熟、缺乏有效的信用机制的情况下，民营企业家必须能够正确地评估企业的用人风险，并具备相应的风险承担能力。民营企业如何找到合适的人才、有效地降低用人风险是一个非常重要的课题。长期而言，民营企业必须通过建立完善的内部管理体系和人才梯队来降低企业对个人的依赖，以从根本上降低用人风险。"

2. 骨干员工的流失面临潜在风险

事实上，"备份"骨干员工的举措在国外早就有了。这方面的典型事例有很多。例如，英特尔公司前设计师佛德利克·费根（Federico Faggin）在创业初期设计出第一代微处理器8080，产品不仅得到了客户的认可，还开创了巨大的微处理市场，给英特尔公司创造了丰厚的利润。

让英特尔公司创始人没有想到的是，费根在为英特尔微处理器打开市场的关键时刻却离职了，还带走了另两名重要的技术人才，创办了一家微处理器公司，推出了比 8080 还要先进的新一代微处理器产品，由此抢占了英特尔公司原有的大部分微处理器市场。

费根事件给英特尔造成了沉重的打击，使英特尔几乎一败涂地。正是由于此次教训，英特尔公司才开始重视“备份”骨干员工。

具体的做法是，在引进骨干员工的同时，更加关注集体智慧，即每开发一个项目，都会有多人同时参与，有时同一个项目由若干个小组同时研发，谁的成果领先，谁就有机会形成产品，投放市场。如此一来，既形成企业内部的竞争机制，又极大地促进了企业研发工作的长足开展。[①]若干年后，英特尔才重新崛起。

不可否认的是，骨干员工的备份问题也成了一些企业最为头疼的难题之一。对于企业的骨干员工，特别是那些非技术岗位的某些重要职位，企业管理者可以通过设立后备人员培养计划，让那些“替补员工”提前熟悉工作流程。一旦这些岗位发生人员流失，候选人能在最短的时间内胜任该岗位工作，降低了因为骨干员工离职后非技术岗位的空缺而造成的损失。骨干员工流失可能会给企业带来以下几个风险：

---

① 参见吴学安：《不妨给人才备份》，《中国青年报》2003 年 5 月 11 日。

（1）企业领先市场的核心技术或商业机密因为骨干员工的流失而被泄露

在骨干员工流失给企业带来的风险中，较为典型的风险就是企业领先市场的核心技术或商业机密因为骨干员工的流失而被泄露。

很多企业的某些核心技术或商业机密被泄露，往往出现在骨干员工的流失上。一些占据组织核心位置的骨干员工离开曾经的东家，也往往将企业的专利、核心先进技术和科研成果带走。有的员工还将这些专利、核心技术卖给竞争对手，泄露了商业机密和核心技术，由此可能改变市场竞争的格局，企业的损失巨大。

当然，企业领先市场的核心技术或商业机密遭泄露不仅可能出自占据组织核心位置的骨干员工，还有可能是来自一线和中层的骨干员工。由于某些企业的发展阶段不同，要求的骨干员工迥然各异，但不管企业发展到什么阶段，都有一个共同的特点，那就是都需要技术人员、管理人员、销售人员等对企业比较重要、社会需求量较大的骨干员工。

因为骨干员工快速地让企业成长起来，因此，技术人员、管理人员、销售人员等对企业比较重要、社会需求量较大的骨干员工就成为企业流动最频繁的群体。

一个老板非常自豪地说："周老师，我实话告诉你，我真就不怕员工流失，我高薪聘请，还怕找不到人吗？"

其后，我还是善意地提醒了这个老板。不过，他没有听取我的建议，而是我行我素，刚愎自用，结果证明了我的观点。没过多久，这个老板的问题就出现了，半夜两点给我打电话，说曾经一起创业的销售经理要离职，更为可怕的是，销售经理可能会带走企业领先市场的核心技术或商业机密。

从上述这个老板的案例中可以看出，技术人员、管理人员、销售人员等骨干员工的流失也就为泄露企业领先市场的核心技术或商业机密埋下了“定时炸弹”，其掌握的技术、客户将随之流失，一些商业秘密也会被泄露。一旦发生这种情况，带给企业的将是极大的损失，尤其是当这些骨干员工流失到竞争对手企业或另起炉灶时，企业将面临严峻的竞争压力。这对企业是非常不利的。虽然企业可以借助法律手段对此加以限制，但这种限制的作用是有限的，企业因此遭受的损失不可能完全消除。此类案例在当今社会可谓不胜枚举。

（2）集体跳槽，企业元气大伤

有些企业在合作过程中已经形成较强的凝聚力，通常都配合默契。如果其中某一人离开，其共同利益就受到了威胁。一旦这个团队集体跳槽，企业的风险也会增加，其危害极大，所以企业管理者一定要特别留心。

（3）客户减少

骨干员工流失造成的损失，受到企业所处的行业技术特征、骨干员工的层次重要性等的影响。例如，在高技术公司中，重要技术人员的流失；在销售型公司中，掌握大量客户资源的销售经理的流失。

1990年，曹渊明正担任上海第一冷冻机厂党委书记、厂长职务，由于行业整顿的需要，上海机电一局的有关管理者通知曹渊明，要将他调离上海第一冷冻机厂。

接到通知后，曹渊明难以接受。在曹渊明看来，他在该厂工作了近30年，对该厂感情很深，愿意留下来继续研发技术。不过，曹渊明的建议被管理者驳回了。

由于建议没有被采纳，曹渊明毅然辞职了。于是，曹渊明将人事、党组织关系等手续转移到街道办事处。其后，曹渊明加盟了江阴溴化锂冷气机厂。此刻这家乡镇企业才刚刚起步，曹渊明去担任了总工程师。

两家公司生产的产品同质化，在冷冻机订货会上，两家公司无疑都在争夺客户资源。由于江阴溴化锂冷气机厂拥有新技术，自然步步胜利。相反，缺乏灵活的上海第一冷冻厂节节败退，大量客户被江阴溴化锂冷气机厂挖走，上海第一冷冻厂的经营状况每况愈下。《解放日报》在1992年还为此刊出了一篇名为《厂长跳槽是与非》的文章，引发了一场大讨论。

1998年，《人民日报》记者再次采访曹渊明。此刻的江阴溴化锂冷气机厂发展迅猛，其后改名为双良集团——一个年销售收入10亿多元的国家级乡镇企业。

在这个例子中，企业流失了一名得力的骨干员工，其损失之巨大，恐怕是有关管理者没有想到的。这个案例警示企业管理者特别是民营企业老板，由于产品的核心开发人员辞职，使整条产品生产线有可能不得不停下来，企业也可能会因骨干员工加盟竞争对手而失去该产品的市场，其风险是不可小觑的。

3. 备份骨干员工，防范用人风险

骨干员工的流失是一个世界性问题，即使在同等待遇，甚至是薪资稍多一些的情况下，一些企业骨干员工依然外流，这主要是核心人才都是“终身教育主义者”。有些骨干员工为了更新知识，当继续教育和培训机会诱使他们“跳槽”时，此刻的动机就不再是为了提高薪水，而是为了学习新的管理方式、技术开发和管理模式。骨干员工一旦有了这种想法，企业管理者即使费九牛二虎之力也不可能留下他。在这种情况下，企业管理者唯一要做的是备份骨干员工，目的是化解骨干员工外流带来的潜在风险。企业管理者通过备份来化解骨干员工外流的潜在风险，应做好三点：

第一，强化骨干员工的储备和技术培训意识。在新技术和产品的研发中，一个尖端技术岗位至少配置两至三名骨干员工，必要时可以学习英特尔公司的做法，将研发项目分为若干个技术小组，使之形成内部竞争机制，这样不仅可以化解骨干员工外流的潜在风险，还可以促使研发工作的快速发展。

第二，提高尖端技术岗位的待遇。除了给予较高的薪酬以外，还要让骨干员工拥有荣誉感、成就感。

第三，提高企业的管理水平。一般来说，高精尖核心人才的外流通常与企业管理者的独裁，企业管理机制的刻板和落后有关。当骨干员工看不到企业的发展前景时，可能会产生离职的想法。当备份骨干员工之后，企业经营者需要用好，提供一个信任的氛围，绝对不能闲置、浪费得来不易的核心人才。

对此，美国通用电气前CEO杰克·韦尔奇就坦言，备份骨干员工是可以控制用人风险的。《华尔街日报》的记者曾采访他，问道："企业雇佣骨干员工有无风险？"

杰克·韦尔奇毫不犹豫地回答了记者的提问："风险肯定是有的。"

记者接着问："企业雇佣骨干员工的风险能否控制？"

杰克·韦尔奇毫不犹豫地回答道："风险肯定是能控制的。"他强调，如果要确信自己能控制骨干员工的雇佣风险，骨干员工的备份就非常必要，因为骨干员工的备份能在一定程度上化解骨干员工流失给企业带来的风险。

杰克·韦尔奇的观点是有道理的。当跨国企业进入中国时，不太可能带来足够多的核心人才，这些跨国公司需要的骨干员工就不得不在中国招聘。由于跨国公司资金实力雄厚，最拿手的便是高薪挖人。

跨国公司和本土企业的积极招揽，无疑会加速骨干员工的流失，这就需要企业经营者尽快培养和备份更多的骨干员工，在与跨国公司正面较量时，积极做好骨干员工外流的防范工作。

例如美国职业男子篮球协会的球员备份，就值得企业经营者特别是民营企业老板借鉴和参考。美国职业男子篮球协会之所以经久不衰，是因为它能够不断地备份优秀核心球员。为此，它还构建了核心球员资源库，这就使优秀的核心球员可以从这个库里源源不断地输出。

从美国职业男子篮球协会的案例可以明白，骨干员工的备份对中国企业来说，不仅必要，而且必须作为一个重要战略来实施。

A 公司打破了以往的用人惯例，不再是一个岗位一个员工的用人模式，而是扩大规模，招聘了 10 名应届大学毕业生，其目的是为两年后的企业发展储备战略骨干员工。

于是 A 公司把这 10 名潜质好、综合素质高的毕业生分别安排在财务、管理、推广等各个岗位进行轮值，每个部门的实习期约 4 个月，同时辅以各种培训，准备通过两年左右的工作实践和换位调整，最终将他们培养成为最熟悉公司运营体制和最能体现公司企业文化的职业经理人。

这个做法在A公司实施后，业界对此议论纷纷。对此，中国著名的私营企业家、裕兴电脑公司董事长祝维沙不无担忧地说："中国加入WTO后，中国企业面对外国企业，最可怕的不是市场的竞争，产品的竞争，而是骨干员工的竞争，因为国外企业打不过中国企业时，他们可以通过一手拿美元，一手拿期权买垮中国企业。"

著名经济学家厉以宁也认为："中国加入WTO以后，受到挑战的行业会有一些，但这不是主要问题，最主要的问题是骨干员工的问题。"

目前，许多大型企业都把挖掘骨干员工的工作提前到大学毕业生择业之前，甚至更早。这些大型企业几乎都建有自己的骨干员工储备库，对"准骨干员工"的成绩、能力和行为进行综合分析，以备将来使用。从这个角度来看，骨干员工库为企业一些关键性的岗位提供了骨干员工储备，特别是为领导职位制订了接班计划，为企业的发展提供了保证。

4. 备份骨干员工的同时更要流程管理

企业备份骨干员工，是为了保证企业健康发展。从企业的发展趋势来说，骨干员工储备战略就势在必行。尽管可能短期内效果很不明显，但企业在长远发展中人才的储备是必不可少的。

一个企业要想长久地发展，就得有源源不断的骨干员工；要想大旗不倒，骨干员工备份势在必行。

在这里，我必须告诫企业经营者，我们所说的“备份”骨干员工不等于“复制”，因为骨干员工是复制不出来的。

那么读者会问，既然不是“复制”，备份骨干员工又是什么呢？在这里，我借用安徽龙讯信息科技有限公司人事经理蔡磊在接受媒体采访时讲的观点来回答读者的疑问：“在每个企业，人才备份机制都很重要。但备份不能理解为复制，而应理解为培养。销售领域讲究漏斗理念管理客户信息，同样适用于企业人才的培养，避免出现人才断层。企业不但要会选聘人才，更要会使用人才和培养人才。”

蔡磊的观点非常具有创造性。因为作为企业骨干员工，一般是很难复制的，只有通过流程管理来弱化骨干员工的作用。

蔡磊曾在接受媒体采访时坦言：“公司不能对骨干员工过于依赖，应该通过优化业务流程，科学设计岗位，加强知识管理，弱化骨干员工对企业资源的控制，打造学习型团队，把优秀的员工树立为其他员工学习的标榜，提高整体协同配合能力，以此避免因骨干员工流失给企业造成无可挽回的损失。此外，企业应建立一套信息化管理与控制体系及标准流程，把一些关键的数据和信息保留在公司里，而不是掌握在骨干员工手里。即使骨干员工流失，也能使代替的人员在较短的时间内掌握核心数据和信息，只要按照标准的流程进行运作，就能保证达到骨干员工同等的绩效。”

三、优先从内部选拔培养来备份骨干员工

在骨干员工的备份实践中，优先从内部选拔培养是一条不错的路径。所谓“内部培养”，是指通过内部晋升、工作调换、工作轮换、人才重聘等方法，将企业内部选拔出合适的人才补充到空缺或新增的岗位上，以达到培养骨干员工全能的效果。

不仅如此，优先从内部选拔培养来备份骨干员工的优点较为明显，如内部员工更了解本组织的运作模式，与从“外部招聘”的新员工相比，他们能更好地适应新工作。因此，优先从内部选拔培养来备份骨干员工是企业管理者备份骨干员工最好的策略。

1. 内部晋升兼具培养和留住骨干员工两个功能

对于任何一个组织来说，骨干员工无疑都是宝贵财富，在对他们进行备份时，更要建立科学、合理的留住骨干员工机制，把重点放在“留”上。

原因是，一旦“留不住”，“备”得再多也无济于事。因此，企业管理者应尽可能地通过“感情留人”“事业留人”“待遇留人”，为骨干员工创造一个实现自我价值的发展平台，建立骨干员工的“心理契约”，满足骨干员工的心理需求，同时把内部晋升兼具培养和留住骨干员工两个功能来抓。

很多企业，特别是一些跨国公司的很多重要岗位，都会采取内部晋升的办法来备份企业所需的骨干员工。例如，2004 年 4 月 19 日，麦当劳首席执行官吉姆·坎塔卢波（Jim Cantalupo）因心脏病发作逝世。吉姆·坎塔卢波病故后，麦当劳决策层立即召开董事会，不到两个小时的时间，便迅速作出了时任麦当劳公司首席运营官查利·贝尔为该公司新的首席执行官的任命决定，还任命安德鲁·麦克纳担任非执行董事长。

然而，让人意想不到的是，查利·贝尔担任麦当劳首席执行官不到一年时间，也许是天妒英才，2005 年 1 月 17 日凌晨，查利·贝尔在澳大利亚悉尼去世，享年 44 岁。

短短几个月，两任 CEO 相继辞世。但是由于有完善的接班人计划，使麦当劳顺利地向前发展。

麦当劳公司的接班人计划值得中国企业管理者，特别是家族企业创始人学习和借鉴。作为中国家族企业创始人，必须找好自己的接班人，一旦出现意外情况，接班人随时可以顶上。领导人更应该如此。螺丝拧好的机器固然是好机器，可一旦螺丝松了、掉了，机器就不能运转。最好的机器是那些不用螺丝，直接卡在一起就能运转良好的机器。事实上，在家族企业里，几乎百分之百的企业家都还是那颗最关键的螺丝，不但掉了不行，松了也会运转不灵。这样的企业仍然是人治的企业，企业的生存危机仍然如影随形。[①]

---

① 参见张建华、薛万贵：《富过三代》，机械工业出版社 2008 年版，第 20 页。

不可否认，内部晋升不仅能激励骨干员工，调动他们的积极性，还能在企业骨干员工中选拔企业所需的核心骨干员工，即将有能力的骨干员工和业绩突出者提升到重要的职位。为此，许多组织，特别是建立时间比较长的组织，都采用内部晋升制度，在高层职位出现空缺时主要从下层符合条件者中择优提升。

一般来说，在内部的技术、职务等级金字塔体系中，等级越高，要求的知识和技能越全面，任职者的能力和工作绩效对组织的影响也越大。在跨国公司中，组织成员的配置永远都是呈金字塔形的，管理者的级别越高，人数自然就会越少，这就意味着职位的争夺也就越惨烈，见图 10–2。

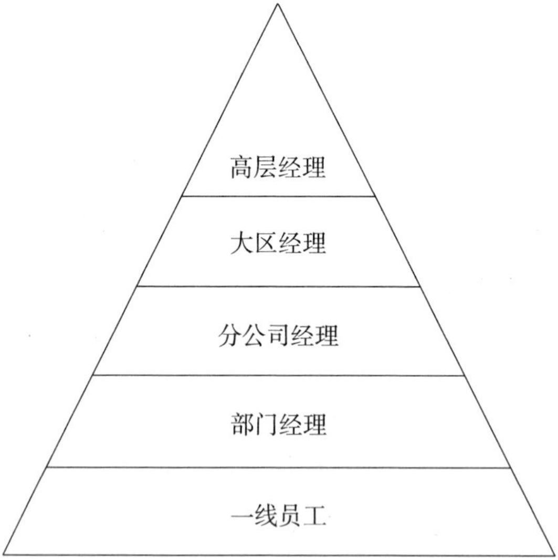

图 10–2　金字塔形的组织成员配置

在微软公司，同样存在这种问题。由于发展较为迅速，时常每隔几个月就不得不重新组合。为了保持活力，微软公司鼓励员工挑战自己，争取在重要的岗位上发展自己。这样的机遇对于员工来说的确是一件好事。因为晋升的机会随时都有，一旦遇到最适合的人，立即就会被提升。

在微软公司，员工的业绩是决定他们能否被晋升的关键因素。一旦某个员工得到一个职位，就需要创造业绩。随着微软的成长，管理台阶也随之提高，竞争也因此变得越来越残酷。

一个直接的原因是，员工晋升必须是建立在业绩的基础上，而业绩也是员工能力的最直接的体现。微软的这一选择机制使员工尽量把工作做到位，既增加了内部晋升的可能，又保护了他们现有的工作岗位。而不愿意参与竞争的员工，就必须遵循“适者生存，不适者被淘汰”的法则，通常只能在竞争力较弱的环境中，在其能够担任的职位上工作。

在内部晋升问题上，创新工场董事长兼 CEO 李开复就很有代表性。1998 年，李开复出任刚创立的微软中国研究院（现在的微软亚洲研究院）院长。他在短短两年时间里，做出了令人瞩目的业绩，得到了微软创始人比尔·盖茨和微软公司前首席执行官兼总裁史蒂夫·鲍尔默（Steve Ballmer）等人的认可。

2000 年，在史蒂夫·鲍尔默的大力推荐和比尔·盖茨的支持下，李开复被提升为微软公司的副总裁，成为“NET”集团主管之一。

微软的案例说明，将业绩突出和能力较强者安排在较高职位，将业绩最出色和能力最强者安排在部门最高职位，是组织内人力资源配置的一项重要工作。

当然，企业通常对于业绩突出和能力较强的骨干员工实行内部晋升，将其安排在较高的职位上，成为管理者。内部晋升使被激励的骨干员工在工资、地位、待遇、名誉上均有所提升，还使其进一步提升和外部选择的机会大大增加。这种激励的好处在于企业从内部选拔骨干员工，无疑使现有骨干员工升职加薪的信心倍增，从而尽自己最大的努力提高工作绩效，力争晋升。通过微软的内部晋升发现，企业内部晋升的优势有如下几个，见图 10-3。

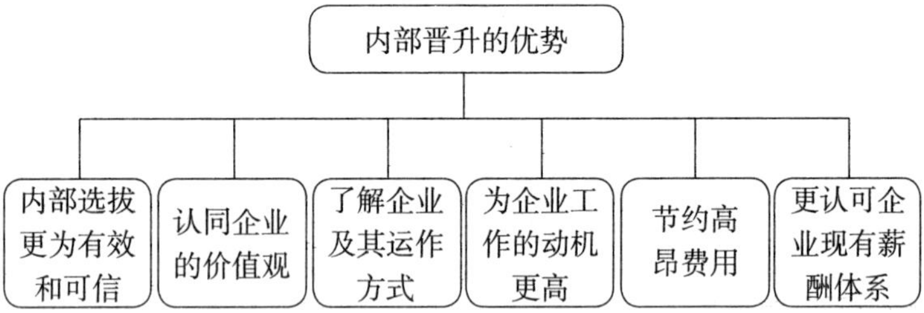

图 10-3　内部晋升的优势

（1）内部选拔更为有效和可信

在骨干员工引进中，分析选拔的有效性和可信性后发现，从内部选拔更为客观。原因是，内部员工曾经的工作能力、业绩评价资料更容易获得，直接从人力资源部调取即可。再加上企业管理者对内部员工的性格、工作动机以及发展潜能等方面都有所了解，因此，从内部选拔更为有效和可信。

（2）认同企业的价值观

在人才引进中，很难融入的就是企业文化。由于内部员工在本企业中工作过较长时间，认同企业的价值观，与企业的契合度更高，更有利于开展工作。

（3）了解企业及其运作方式

分析企业的运作模式发现，由于内部员工在本企业中就职，更了解企业及其运作方式，可以比从外部引进的新员工更快地进入角色。

（4）为企业工作的动机更高

内部选拔给员工提供了一个难得的晋升机会，不仅强化了骨干员工为企业工作的动机，也提高了骨干员工对企业的忠诚度。尤其是高层管理层人员的选拔，他们的晋升往往会带动一批人作一系列晋升，从而能鼓舞员工士气。同时，这会在企业内部树立榜样。通过这样的相互影响，就可以在企业中形成积极进取、追求成功的气氛。

（5）节约高昂费用

从企业成本的角度分析，通过“内部晋升”制度可以降低吸引人才加盟的费用。例如，广告费、招聘人员和应聘人员的差旅费等，还节约了一些不必要的入职工作技能培训费用。

（6）更认可企业现有薪酬体系

一般来说，通过内部晋升，其工资待遇要求会更符合企业的现状，因为内部候选人更认可企业现有的薪酬体系。

2. 内部提升比单纯备份更容易留住人才

内部提升骨干员工到重要岗位上，不仅可以填补企业所需的岗位空缺，还能更好地激发一线员工的期望。骨干员工会认为，只要努力工作，就会得到公司的认可和肯定，晋升是迟早的事情。

倘若重视内部提升，这比单纯备份骨干员工更容易留住骨干员工，因为骨干员工得到内部晋升，势必提升了骨干员工对企业的忠诚度，一些因为遭遇“天花板”而想辞职的人也打消了这个念头，因为在这样的企业中，企业通过内部晋升的路径解决了部分骨干员工的“天花板”问题。

IDG 的调查数据表明，在世界 500 强企业中，85% 以上的管理职位是由企业内部提拔起来的人担任的。敦豪速递公司负责人让 – 多米尼克·佩雷（Jean–Dominique Perret）在接受法国《世界报》记者采访时坦言：“我们大多数领导干部都是从我们自己的骨干员工储备库中挑选出来的。”

在让 – 多米尼克·佩雷看来，重视内部提拔的企业非常多，如前面讲过的麦当劳。在麦当劳，内部提升和全职业生涯培养构成麦当劳骨干人才培养的重要部分。麦当劳通过人才吸引、培养和发展系统，为各级员工提供了系统的培训，以及全职业生涯培养，包括为餐厅副经理所设的值班管理课程、系统管理课程，以及面向高级管理人员、营运顾问、训练顾问和餐厅经理的汉堡大学课程，还有各部门分享交流的年会等。

为了培养和准备下一代领导者，麦当劳持续关注并培养各个层面的关键人才，为麦当劳现在和未来的发展提供了至少3年的人才储备，其目的是一旦核心岗位出现空缺，马上能够补上。

正因为如此，在CEO去世后不到两个小时，麦当劳董事会就宣布了新的CEO任命，足以说明内部培养的可行性。此外，从企业内部选拔培养企业骨干员工，还能够认同年轻人才取得的成绩，有利于提高骨干员工的工作热情，也有利于用人的准确性、可靠性。彭尼公司的政策是："当公司的某一部门出现职位空缺，而内部又有一个合适候选人填补空缺，我们就会搞内部晋升。"

事实证明，企业内部选拔培养骨干员工已经成为绝大多数企业最受推崇的留住骨干人才的手段。杰克·韦尔奇坦言："通用电气不在意员工来自何方、毕业于哪个学校、出生在哪个国家，通用电气拥有的是知识界的精英，年轻人在这里可以获得很多选拔任用的机会，不会论资排辈地等待。"通用电气正是通过内部选拔和特定培训，培养了大量优秀职业经理人，因此被称为世界500强的"西点军校"。

在许多公司，60%—90% 的领导岗位都是通过内部晋升的骨干员工担任的。这些骨干员工的专业经历和受过的专业培训是晋升的台阶，这就决定了内部提升比从外部空降人才要好很多。综观国内 IT“空降人才”，大体有两个来源：一是来自同行业的跨国公司以及其他领先对手。由于原来的公司制度规范，受“无形天花板”的压抑，这类中高层管理人员难有晋升的机会，更多的是任务的执行者，未必有独当一面的决策能力。二是来自相关的有专业背景的公司，比如咨询业。他们思想上的准备和所积累的经验不足以应付市场上残酷的竞争，企业往往成为他们初出茅庐的牺牲品。[①]

外引模式的选人范围有无限广阔的空间，“空降人才”与企业内部人际关系简单，尤其适合于变革企业原有的运作模式。劣势主要体现在继任者的忠诚度及其能力与公司的匹配方面；高流动性造成商业机密的外泄；“空降人才”的能力未必与用人企业的需要相吻合，他们过去的光辉未必能在新的环境中延续。[②] 对此，上海人才有限公司总经理张伟俊建议国内 IT 企业：“引进空降人才不要太浪漫，要三思而后行。”

既然引进“空降兵”不要太浪漫，要三思而后行，这就说明内部提升来填补空缺的岗位其风险要小得多，同时还能从内部选拔培养来备份骨干员工。这不仅备份了骨干员工，同时还

---

① 参见郭泉：《空降人才，三思后行》，《IT 时代周刊》2004 年第 10 期。

② 参见郭泉：《空降人才，三思后行》，《IT 时代周刊》2004 年第 10 期。

培养了骨干员工。

3. 内部提升才是企业人才备份的上上之策

在骨干员工引进中，流失最严重的骨干员工往往是“空降型人才”，甚至经常会出现“空降人才”短命的问题。然而，空降型人才为何短命呢？对此，太阳能行业资深专家陈讲运谈道：“许多太阳能企业都请过‘空降人才’当营销高管，企望他们运用手中资源快速提升业绩。有很多企业不惜血本挖人，以为挖到皇明、太阳雨等大品牌的人才，希望他们利用现有的资源短时间撬到大品牌经销商，大幅度提升销量。然而，事实不是想象的那么简单。大品牌经销商不会轻易换品牌。再说，你的品牌是否能够吸引经销商，不仅仅是价格单一因素所决定，还有操作思路等诸多方面。于是，企业家不到 3 个月就认为‘空降人才’能力不行，没能达到自己预期的销售业绩，干脆辞退。这样的事情企业不断上演，‘年年岁岁花相似，岁岁年年人不同’。‘空降人才’不断涌入，却又前仆后继地‘败北’，最终难以解决企业缺人才的难题。”[①]

企业老板花重金聘请的空降型人才以短命收场，这样的问题值得中国企业老板反思。我想其中的滋味只有企业老板和空降型人才知道。因此，必须重视内部晋升某些骨干员工来填

---

① 陈讲运：《人才：空降 or 内部培养》，《中国太阳能产业资讯》2011 年第 3 期。

补关键性岗位空缺。

其实，在中国企业界，人才是空降还是内部培养的争论，就如同“先有鸡还是先有蛋”的争论一样。不过，普遍认为，内部培养还是企业人才备份的上上之策。

对于内部提升，业内专家谭定雄分析道：“公司的大部分中层和基层职位空缺都采用内部提升的政策，这帮助企业在建立强有力的凝聚力和激励员工创造业绩方面起到了不可低估的作用，也使一些贡献大、表现优秀的员工获得更大的施展才能的舞台，从而努力创造双赢的结果。企业如果不给予机会给内部员工，所有空缺都从外部招聘，员工看不到希望就会失去动力，就会心灰意冷。内部提升对于建设学习、上进的团队也是至关重要的。此外，每个企业的产品、流程、文化、市场不同，‘空降人才’有一个熟悉和磨合的过程和冲突，采用内部提升可以实现管理的连贯性和延续性，同时也能节省成本。”

谭定雄还列举了一组数据：“根据调查显示，当管理岗位出现空缺时，67% 的公司采取内部提升或转岗，2% 的公司在人才市场上招聘；1% 的公司采用其他途径。当非管理岗位出现空缺时，55% 的公司采取内部提升或转岗，45% 的公司在人才市场上招聘。其中外资企业采用‘内部提升’制度尤其普遍。”

对此，时任欧莱雅全球副总裁司天利在接受媒体采访时坦言：“我们偏好于从企业内部培养骨干员工。不仅在中国如此，我们在亚洲甚至全球的高级管理人员大多数都是从内部选拔的。”

公开资料显示，在过往数年中，欧莱雅 85% 的增长来自其内部业务，并购的业务仅仅只有 15%，对于骨干员工的培养也是如此。如欧莱雅全球副总裁司天利、亚洲区总裁裴天瑞，经过 20 多年的工作后，从内部提升到目前的职务。数据表明，欧莱雅在全球有 90% 的高级管理人员是从内部提拔上来的。

作为行业巨头的宝洁公司也同样坚持内部培养员工。其优势是，员工有足够的空间来描绘自己在宝洁的未来职业发展，公司提升员工的唯一标准是员工的能力和贡献。为此，学者写道：“骨干员工在选择自己的内部晋升发展之路时，可根据自己的技能、专长、兴趣、专业资质以及企业的实际情况向核心业务转移。向核心业务发展可以看成是一种内职业生涯的发展。有时职位虽然没有晋升和改变，但是工作能力更强了，工作范围扩大了、深度增加了，这也是一种职业生涯的发展。核心业务是企业的生存根本，与之相关的部门或者项目肯定会得到企业更大的投入和支持。在这个意义上，个人肯定就能够有效利用更充足的资源、在更高更快的平台之上发展自己。”

优秀的企业都注重对员工的培训，他们的管理者绝大多数都是从基层一步步提拔起来的。外聘的“空降人才”，可能在短期内会对企业有一定的帮助，但从长远看，必须立足于企业自身对人才的培养。另外，外聘人员还存在与企业融合方面的问题。优先从内部提拔要求组织建立一个良好的制度与规划。可以采取以下的程序，见图 10-4。

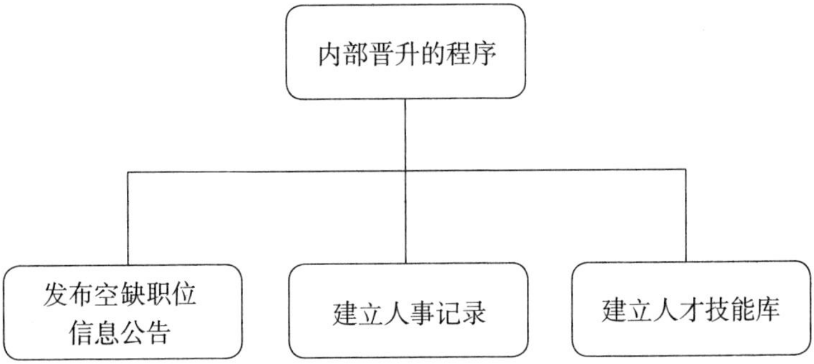

图 10-4　内部晋升的程序

（1）发布空缺职位信息公告

企业管理者通过一定的方式将空缺职位信息传达给本企业所有部门的所有人员。信息包括职位名称、所属部门、薪资等级、该职位上司姓名、工作场所、工作内容的简单描述、资格要求以及对候选人选拔的方法、技能评定的方法。组织内的人才还可向人力资源管理部门咨询，询问该职位以后的发展机会。[①]

（2）建立人事记录

企业管理者建立人事记录可以很便捷地审阅以往的人事

① 参见王强:《经理人如何激励下属》(下),《人资管理》2005 年第 10 期。

记录，同时也可以利用申请表建立新的人事记录。企业管理者通过审查企业的人事记录，就很容易发现：①某个重要岗位候选人目前所从事的工作是低于他们所具有的知识水平和工作能力水平的；②可以发现哪些重要岗位的候选人具有发展潜力，以及需要哪些方面的技能培训；③可以发现哪些重要岗位候选人已经具备了从事空缺职位的能力与背景。

（3）建立人才技能库

建立人才技能库是保证企业健康发展的一个重要举措。原因是，当下企业经营环境瞬息万变，企业的生存和发展需要有超前的人力资源规划，这样做可以取得足够的竞争优势。

例如，在民营企业中，作为企业的管理者，建立“产品分析师”库时，将企业所有接受过这种培训或者具备这种能力的人名都列出来。

如果市场推广部急需一名产品经理，而技能资源库显示具备这种技能的某员工在企划部担任宣传，就可以由人事部门直接去找该员工，征求该员工对到市场推广部做产品经理的意见。

参考文献

图书：

［美］加里·德斯勒：《人力资源管理》（英文版·第12版），中国人民大学出版社2012年版。

［美］斯蒂芬·P.罗宾斯、蒂莫西·A.贾奇：《组织行为学》，孙健敏等译，中国人民大学出版社2012年版。

艾柯：《管人要懂心理学》，企业管理出版社2010年版。

陈洪权主编：《人力资源管理》，清华大学出版社2013年版。

董克用主编：《人力资源管理概论》（第三版），中国人民大学出版社2011年版。

葛玉辉主编：《人力资源管理》，清华大学出版社2014年版。

和仁、管家民编著：《人才三策》，西北大学出版社2006年版。

贺清君：《绩效考核与薪酬激励整体解决方案》，中国法制出版社2014年版。

贺清君:《企业人力资源管理全程实务操作》(最新增订版),中国法制出版社 2014 年版。

贺清君:《人力资源管理常见管理问题解决方案及风险防范》,中国法制出版社 2013 年版。

孔祥民:《匹配:人力资源管理案例、技巧、制度与实践》,清华大学出版社 2015 年版。

李小勇:《集团化人力资源管理实践企业》,管理出版社 2013 年版。

李新建、孟繁强等编著:《企业薪酬管理概论》,中国人民大学出版社 2006 年版。

李燕萍、李锡元主编:《人力资源管理》(第二版),武汉大学出版社 2012 年版。

刘昕编著:《人力资源管理》,中国人民大学出版社 2012 年版。

苗青等编著:《人力资源管理研究与实践:前沿量表手册》,浙江大学出版社 2015 年版。

彭建峰主编:《人力资源管理概论》(第二版),复旦大学出版社 2011 年版。

彭剑锋主编:《战略人力资源管理:理论、实践与前沿》,中国人民大学出版社 2014 年版。

秦志华编著:《人力资源管理》(第四版),中国人民大学出版社 2014 年版。

孙健敏主编:《人力资源管理》，科学出版社 2009 年版。

孙世玄编著:《人力资源管理实用必备全书》(案例版)，江西人民出版社 2014 年版。

孙宗虎编著:《人力资源管理职位工作手册》(第 3 版)，人民邮电出版社 2012 年版。

唐骏、贾慧剑:《做最有价值的经理人》，鹭江出版社 2009 年版。

王旭、乐雯晴:《从招聘到离职：人力资源管理实务操作宝典》(增订 4 版)，中国法制出版社 2013 年版。

魏文静编著:《人力资源管理实用必备全书》，经济科学出版社 2012 年版。

尹晓峰:《人力资源管理必备制度与表格范例》，北京联合出版公司 2015 年版。

张建华、薛万贵:《富过三代》，机械工业出版社 2008 年版。

期刊:

艾丰:《外企：何人为我所用？看我“招”术》,《涉世之初》2004 年第 5 期。

陈讲运:《人才：空降 or 内部培养》,《中国太阳能产业资讯》2011 年第 3 期。

陈振华:《企业如何进行有效的招聘——宝洁公司校园招

聘的启示》,《消费导刊》2006年第12期。

邓德鸿、陈春花:《论企业核心竞争力来自企业文化》,《商场现代化》2006年第8期。

郭泉:《空降人才，三思后行》,《IT时代周刊》2004年第10期。

劳之伟:《你给核心员工备份了吗?》,《徽商杂志》2010年第7期。

雷振林:《试论企业文化在人力资源管理中的作用》,《人才资源开发》2005年第11期。

刘黎、贺炳红:《核心员工管理策略探讨》,《科技创业月刊》2006年第10期。

宋新谱:《留住核心员工的人力资源策略》,《人才开发》2003年第8期。

唐骏:《管理者要学会让员工感动》,《光彩》2009年第11期。

王光良:《基于心理契约的人才流失研究》,《市场周刊(理论研究)》2006年第10期。

王启军、王军爱、宫照馥:《高薪下的陷阱》,《人力资源开发与管理》2008年第12期。

王淑红、龙立荣:《绩效管理综述》,《中外管理导报》2002年第9期。

王素珍:《饭店企业留住核心员工的对策探讨》,《企业经济》2008 年第 2 期。

叶霞:《谈核心员工管理》,《湖南经济管理干部学院学报》2005 年第 5 期。

张慧敏:《浅析我国现代企业知识型员工的激励机制》,《经济师》2007 年第 12 期。

张明:《怎样才能留住员工》,《企业管理》2012 年第 7 期。

章颂红:《有效招聘——企业留住人才的基础》,《内蒙古科技与经济》2005 年第 1 期。

报纸:

杜灿、谭立鹏:《川大破格录取甲骨文考生，教授递辞呈称不愿教》,《成都晚报》2011 年 11 月 5 日。

李旭红:《零点对京沪两市调查显示：一半企业面临人力资源危机（调查分析）》,《市场报》2004 年 6 月 15 日。

吴学安:《不妨给人才备份》,《中国青年报》2003 年 5 月 11 日。

学位论文:

刘平:《西部电力企业核心员工流失风险评估研究》，硕士学位论文，西南交通大学，2011 年。

孟宪辉:《民营企业招聘人才模式研究》，硕士学位论文，中国海洋大学，2009 年。

后　记

我在写作《命门：中国家族企业死亡真相调查》一书时，由于要了解很多草根创业者的真实创业经历，走访了上百名创业者。他们都是靠借几百元、几千元，甚至是借几万元起家的草根创业者，今天的他们已经功成名就。

在出差的路途中，谈及创业，一些人总是抱怨自己没有资金，还说，只要给他们一个小企业，在 10 年内一定能做到中国 500 强企业的规模。这种信誓旦旦的话语似乎在暗示他是有能力把企业做大的。

当我问及此类人，倘若给你一个团队，如何留住骨干员工时，他似乎没有了刚开始的自信和豪言，往往支支吾吾、答非所问。

客观地讲，一个团队，他们可能是两个人、三个人、四个人，或是一个部门，或是一个微型企业，或是一个中型企业，或是一个大型企业，甚至是一家跨国公司。当你作为这个团队掌舵的“船长”时，你将如何带领这些骨干员工乘风破浪？你将如何与本土巨头企业狭路相逢地生死竞争？又将如何在实力雄厚的跨国企业的围追堵截中突围，而最终实现既定的发展目标——基业长青与持续经营?

这是一个横亘在成千上万企业管理者面前的一道坎，尽管说起来很简单，却让企业管理者很棘手。在当今竞争日益激烈的知识经济时代，随着科学技术的飞速发展，技术就成为决定一个企业是否具有核心竞争力的重要因素。

究其原因，这是因为技术创新与进步是由骨干员工来完成的。因此，技术的较量归根结底就是骨干员工的较量。那些掌握科学技术知识的骨干员工，日益成为各个企业争夺的对象。这种骨干员工的供需缺口，随着全球化和信息化的不断深入，为他们的流动创造了需求并提供了可能。这就使得骨干员工的全球流动日益频繁，已经成为当今社会骨干员工流动的一大特点。

随着中国加入 WTO，中国企业不可避免地与实力雄厚的跨国企业争夺骨干员工。在这种“大军压境”的情况下，如何留住本企业的骨干员工，尽量不让本企业的骨干员工流失，降低流失风险，已经成为中国企业管理者必须解决的一大课题。

不可否认，企业做大做强后，招聘更多有能力的骨干员工也就成为一种趋势，特别是近年来随着世界 500 强企业进入中国，企业对人才的需求也相应增加。再加上中国大陆严重缺乏骨干员工信用机制的情况，企业管理者找到合适的人才，有效降低骨干员工流失风险，就成为他们工作的重心之一。

面对骨干员工流失的风险，企业管理者必须调整管理骨干员工思维，依据骨干员工流失风险，有针对性地改进管理方法，进一步建立起更加专业、合理、精细的人力资源体系，以达到控制骨干员工流失风险的目的。

在楚汉战争中，刘邦打败了项羽，成为一代帝王。刘邦在一次庆功会上，曾向群臣解释道："夫运筹帷幄之中，决胜千里之外，吾不如子房（张良）；镇国家，抚百姓，给饷馈，不绝粮道，吾不如萧何；连百万之众，战必胜，攻必取，吾不如韩信。三者皆人杰，吾能用之，此吾所以取天下者也。项羽有一范增而不能用，此所以为吾擒也。"

历史学家指出，刘邦胜利的原因在于刘邦能识人用人，而项羽不能识人用人。刘邦的说法传承日久，并经过历史的强化而成为他战胜项羽的最佳解释。在我看来，刘邦的胜利，是识人用人的胜利。而项羽仅靠匹夫之勇，没有建立起一个人才得其所用的团队，所以失败也是情理之中的事。

本书为了解决这个问题，从多个角度阐述留住骨干员工的方法，旨在给中国企业经营者提供参考和借鉴。具体的方法是：招聘认可企业价值观的骨干员工；给骨干员工提供富有竞争力的薪酬；肯定和认同员工的劳动成果；把关怀放到一线岗位上；尊重和赞赏骨干员工；帮助骨干员工实现梦想；建立骨干员工岗位问责机制；构建科学的骨干员工动态管理模型；建立完善的骨干员工退出机制；建立骨干员工储备机制。

这里，我要感谢"财富商学院书系"的优秀人员，他们也参与了本书的前期策划、市场论证、资料收集、书稿校对、文字修改、图表制作。

以下人员对本书的完成亦有贡献，在此一并感谢：周梅梅、吴旭芳、吴江龙、简再飞、周芝琴、吴抄男、赵丽蓉、周斌、周凤琴、周玲玲、周天刚、丁启维、汪洋、蒋建平、霍红建、赵立军、兰世辉、徐世明、周云成、丁应桥、金易、何庆、李嘉燕、陈德生、丁芸芸、徐思、李艾丽、李言、黄坤山、李文强、陈放、赵晓棠、熊娜、苟斌、佘玮、欧阳春梅、文淑霞、占小红、史霞、陈德生、杨丹萍、沈娟、刘炳全、吴雨来、王建、庞志东、姚信誉、周晶晶、蔡跃、姜玲玲等。

在撰写本书过程中，笔者参阅了一些相关资料，包括电视、图书、网络、视频、报纸、杂志等。我所参考的文献，凡属专门引述的，我尽可能地注明了出处，其他情况则在书后附注的参考文献中列出，并在此向有关文献的作者表示衷心的谢意！如有疏漏之处，还望见谅。

在这里，我还要感谢本书在出版过程中大力支持和热心帮助的许多商学院教授、标杆企业研究专家、企业总裁、职业经理人、媒体朋友、培训师、业内人士以及出版社的编辑等。

由于时间仓促，书中纰漏难免，欢迎读者批评指正。

周锡冰

2022 年于财富书坊